2019年主题出版重点出版物

"十三五"国家重点出版物出版规划项目

新时代马克思主义经典文献精学导读丛书　主编/顾海良

《哥达纲领批判》精学导读

白雪秋◎著

科学出版社

北京

内 容 简 介

《哥达纲领批判》是科学社会主义的重要文献，本书在阐明了《哥达纲领批判》的写作过程、历史背景、传播状况基础上，重点对《哥达纲领批判》的篇章内容进行了解读，尤其对其包含的科学社会主义的基本原理和科学方法论进行了详细论述。本书力图在当代中国的现实语境下激活《哥达纲领批判》的理论穿透力和强大生命力，让我们在新时代深刻领会科学社会主义的基本原理，正确认识社会主义初级阶段的基本特征，做好建设中国特色社会主义的实践。

本书适合广大党员干部，马克思主义理论类专业的本科生、研究生，以及对马克思和恩格斯文本及思想感兴趣的读者阅读。

图书在版编目（CIP）数据

《哥达纲领批判》精学导读 / 白雪秋著. —北京：科学出版社，2019.12

（新时代马克思主义经典文献精学导读丛书 / 顾海良主编）

"十三五"国家重点出版物出版规划项目

ISBN 978-7-03-063495-5

Ⅰ. ①哥… Ⅱ. ①白… Ⅲ. ① 哥达纲领批判-马克思著作研究 Ⅳ. ①A811.24

中国版本图书馆 CIP 数据核字（2019）第 260833 号

责任编辑：刘英红 / 责任校对：贾娜娜

责任印制：张 伟 / 封面设计：润一文化

科学出版社 出版

北京东黄城根北街 16 号

邮政编码：100717

http://www.sciencep.com

北京盛通商印快线网络科技有限公司 印刷

科学出版社发行 各地新华书店经销

*

2019 年 12 月第 一 版 开本：720 × 1000 1/16

2023 年 3 月第二次印刷 印张：10 1/4

字数：101 000

定价：32.00 元

（如有印装质量问题，我社负责调换）

丛书编委会

总　序

“新时代马克思主义经典文献精学导读”是根据新时代学习马克思主义经典著作的需要，对各主要的经典著作所蕴含的马克思主义基本原理及其精神实质作出学习和研究性导读。

马克思主义基本原理是马克思主义的理论精粹，体现了马克思主义的根本性质和整体特征，体现了马克思主义立场观点方法的核心要义，体现了马克思主义科学性、人民性、实践性和时代性的思想特征。习近平总书记指出：“掌握马克思主义，最重要的是掌握它的精神实质，运用它的立场、观点、方法和基本原理分析解决实际问题。”[①]在坚持和发展中国特色社会主义中，我们说“老祖宗”不能丢，在根本上就是马克思主义基本原理不能丢。

马克思主义基本原理深刻地蕴含于马克思主义经典著作之中；马克思主义经典著作是马克思主义基本原理的思想本源和理论基础。同时，马克思主义经典著作也蕴藏着马克思主义经典作家汲取人类探索真理的丰富的思想成果，深刻展现了马

① 习近平：《中国共产党 90 年来指导思想和基本理论的与时俱进及历史启示》，《学习时报》2011 年 6 月 27 日。

克思主义经典作家攀登科学高峰、矢志追求真理的精神境界。深入研读马克思主义经典著作是理解和掌握马克思主义基本原理的必修课，也是理解和掌握马克思主义理论体系的基本功。如习近平总书记所指出的："共产党人要把读马克思主义经典、悟马克思主义原理当作一种生活习惯、当作一种精神追求，用经典涵养正气、淬炼思想、升华境界、指导实践。"[1]

"马克思主义就是我们共产党人的'真经'，'真经'没念好，总想着'西天取经'，就要贻误大事！"[2]在提到学习《共产党宣言》的重要意义时，习近平总书记提出："广大党员、干部特别是高级干部要学好用好《共产党宣言》等马克思主义经典著作，坚持学以致用、用以促学，原原本本学，熟读精思、学深悟透，熟练掌握马克思主义立场、观点、方法，不断提高马克思主义理论素养。"[3]理论联系实际，在深化马克思主义经典著作研究阐释中，"推进经典著作宣传普及，让理论为亿万人民所了解所接受，画出最大的思想同心圆。"[4]

"新时代马克思主义经典文献精学导读"对各经典著作的研究阐释，由北京大学、中国人民大学、北京师范大学等高校马克思主义学院从事马克思主义经典著作教学和研究的学者担

① 《十九大以来重要文献选编》上，中央文献出版社 2009 年版，第 434 页。

② 《习近平关于全面从严治党论述摘编》，中央文献出版社 2016 年版，第 66 页。

③ 习近平：《中国共产党是〈共产党宣言〉精神忠实传人》，《人民日报》2018 年 4 月 25 日。

④ 习近平：《深刻感悟和把握马克思主义真理力量 谱写新时代中国特色社会主义新篇章》，《人民日报》2018 年 4 月 25 日。

纲。在对各经典著作的研究阐释中，首先力求对各经典著作形成的社会和历史条件作出准确解读，凸显相应的马克思主义基本原理形成和发展的思想基础和理论背景；其次力求对各经典著作理论内涵和精神实质作出系统导读，彰显新时代学习和实践相应的马克思主义基本原理的理论意义和现实意义；最后力求对经典著作中体现的科学原理和科学精神相结合的思想特征作出全面论述，更为深刻地理解“历史和人民选择马克思主义是完全正确的，中国共产党把马克思主义写在自己的旗帜上是完全正确的，坚持马克思主义基本原理同中国具体实际相结合、不断推进马克思主义中国化时代化是完全正确的”[①]。

“要以科学的态度对待科学，以真理的精神追求真理，不断赋予马克思主义以新的时代内涵。”[②]习近平新时代中国特色社会主义思想就是当代中国马克思主义，就是21世纪马克思主义。学习马克思主义经典著作，要同学习习近平新时代中国特色社会主义思想结合起来。在这一结合中，更为深刻地理解习近平新时代中国特色社会主义思想，更有定力、更有信心，也更加自觉、更加自信地坚持和发展新时代中国特色社会主义，确保中华民族伟大复兴的巨轮始终沿着正确航向破浪前行。

顾海良

2019年11月1日

①《十九大以来重要文献选编》上，中央文献出版社2009年版，第427—428页。

② 习近平:《深刻感悟和把握马克思主义真理力量 谱写新时代中国特色社会主义新篇章》，《人民日报》2018年4月25日。

目　　录

导言……………………………………………………………1
第一章　马克思面对“极其糟糕”纲领的奋笔疾书……………6
一、马克思无法以“沉默”对待“会使党堕落的
纲领”…………………………………………………………7
二、“幸而这个纲领的遭遇比它应有的遭遇要好些”…12
三、恩格斯为避免犯“隐匿罪”毅然将《哥达纲领
批判》公开发表………………………………………………16
第二章　逐条地批判“连文字都写的干瘪无力”的纲领………24
一、“批注式”的篇章结构…………………………………24
二、恩格斯的两份重要文献：《序言》和
《给奥·倍倍尔的信》………………………………………27
三、跨越时空的广泛传播……………………………………36
第三章　原则构想：共产主义社会的发展阶段和重要特征……41
一、共产主义社会的分配也不可能是“不折不扣”的…42
二、带着“旧社会的痕迹”的第一阶段……………………45
三、“完全超出资产阶级权利的狭隘眼界”的
高级阶段………………………………………………………50
第四章　理性思考：“过渡时期”和无产阶级专政……………55
一、什么是“自由国家”……………………………………55

二、过渡时期的国家——无产阶级专政 …………………… 57
三、未来社会的“三个阶段”并非所有国家唯一的发展路径 …………………………………………………… 66
第五章 辩证论述：分配方式与生产方式 …………………… 71
一、消费资料的分配“是生产条件本身分配的结果” … 71
二、“分配决定论”的实质是维护资本主义私有制…… 74
三、劳动只有在具备了生产资料的前提下才是财富的源泉 ………………………………………………………… 76
四、“不应当泛泛地空谈‘劳动’和‘社会’”及其分配 …………………………………………………… 79
第六章 客观把握：实现社会主义的途径和无产阶级的策略 … 83
一、“依靠国家帮助建立合作社”不能实现社会主义 … 83
二、对于工人阶级来说，其他一切阶级并不都是“反动的一帮” …………………………………………… 88
三、不能用“最狭隘的民族观点来理解工人运动” …… 93
第七章 从理论到实践：一个多世纪的深远影响 ……………… 95
一、苏联的实践发展和理论丰富 …………………………… 96
二、毛泽东对革命专政理论的把握和中国实践 ………105
三、中国特色社会主义道路越走越宽广 …………………113
附录 ………………………………………………………………124

导　　言

19 世纪上半期的德国处于封建统治之下，政治上四分五裂。进入 19 世纪 60 年代后，德国的资本主义工业得到迅速发展，随之德国工人阶级的队伍也逐步成长壮大，并形成了一支独立的政治力量。根据当时德国的经济、政治情况，进行资产阶级民主革命、推翻封建统治、实现德国统一，以适应资本主义经济的进一步发展，这是当时摆在德国工人阶级、资产阶级和全体劳动者面前的历史任务。但是，德国资产阶级非常害怕工人运动的发展，因而同封建势力妥协，宣扬劳资合作和崇拜普鲁士王朝等思想，试图腐蚀工人阶级的意志，以削弱工人力量。因此，在德国工人运动中滋长了资产阶级改良主义的思潮。随着德国民主运动和工人运动的高涨，各种团体和工人组织不断兴起。在德国工人运动内部形成了两个对立的派别：一个是以庸俗的民主主义者拉萨尔为代表的拉萨尔派也称全德工人联合会；另一个是以无产阶级革命者威廉·李卜克内西和奥·倍倍尔为代表的爱森纳赫派，也称德国社会民主工党。

作为对立的两派，拉萨尔派和爱森纳赫派的观点与主张完全不同。以拉萨尔为代表的全德工人联合会，于 1863 年 5 月

23 日由 11 个城市的工人代表在莱比锡建立，拉萨尔本人当选为第一任主席。作为德国工人运动中机会主义的代表人物，拉萨尔曾写了一些小册子来宣扬右倾机会主义的理论。他幻想通过争得普选权和依靠地主资产阶级的国家的帮助来实现社会主义；反对暴力革命，把无产阶级及其政党的斗争仅限于议会活动和其他合法活动的范围内；赞同在普鲁士的领导下通过王朝战争实现德国统一；等等。这些机会主义观点都被写入了联合会的章程，作为这个组织的指导思想。1864 年 8 月，拉萨尔在一次决斗中去世，他的继承者伯·贝克尔、约·施韦泽和威·哈森克莱维尔等人先后领导全德工人联合会，其纲领主张虽然有所进步，但仍然没有摆脱拉萨尔主义的束缚。不可否认的是，拉萨尔在促使德国工人“不当资产阶级进步党的尾巴”、帮助德国工人建立自己独立的政党方面是功不可没的。然而，他对封建专制国王抱有幻想，引领德国工人运动陷入改良主义迷途则是严重错误的。事实上，拉萨尔的机会主义路线严重阻碍了全德工人联合会的发展。

爱森纳赫派原是全德工人联合会中的左派，因反对拉萨尔推行的机会主义路线，于 1867 年退出了全德工人联合会。1869 年 8 月，在李卜克内西和倍倍尔领导下于爱森纳赫城召开大会成立了德国工人阶级政党——德国社会民主工党，也称爱森纳赫派，并制定了社会民主工党的纲领。该派在马克思和恩格斯的关怀与指导下，基本上执行马克思主义路线，拥护第一国际的基本原则，主张通过自下而上的革命来推翻贵族地主阶级的反动统治，实现德国统一。在普法战争和巴黎公社期间，坚持无产阶级国际主义，并在国内积极为争取无产阶级的政治经济利益而斗争，有力地推动了工人运动的发展，在工人群众中的影响不断扩大。

1871 年 1 月，普法战争结束后，德国完成了自上而下的统一，客观上促进了资本主义的迅速发展和德国工人运动的不断高涨，但运动也招致了政府日益强烈的镇压。特别是 1873 年 10 月德国爆发了经济危机，致使大量工人失业和阶级矛盾激化。正是在这种新形势下，为了建立统一的工人阶级的政党以共同对敌，爱森纳赫派曾两次建议两派合并，但都遭到了拉萨尔派的拒绝。后来，随着拉萨尔派广大成员的逐渐觉醒和对机会主义路线的不满，拉萨尔派在政治上和组织上面临着全面瓦解的严重危机。这时，拉萨尔派的领导者才不得不主动来要求同爱森纳赫派合并。

两派合并的时机，对爱森纳赫派显然是有利的，因为这时的拉萨尔派已经濒临瓦解，处于劣势。李卜克内西完全可以坚持爱森纳赫派的纲领原则，在起草合并后党的纲领草案时彻底抛弃拉萨尔的机会主义，以便借合并之机将全党的认识统一到无产阶级革命的正确轨道上来。可事实上，爱森纳赫派领导者为了急于达成统一而置纲领原则于不顾，完全背着马克思和恩格斯向机会主义者作了无原则的妥协。1875 年 2 月 14—15 日，德国社会民主工党和全德工人联合会在哥达召开合并预备会议，并由两派领导人李卜克内西和哈赛尔曼等人共同起草了充斥着机会主义的作为两党统一后的纲领草案——《德国工人党纲领》，准备提交给随后的正式合并大会讨论通过，并于3月7日公开发表在两党各自的机关刊物上。

马克思和恩格斯看到纲领草案后非常气愤，恩格斯立即给爱森纳赫派的领导人倍倍尔写信，对纲领草案进行了严厉批判，希望他们能够修正纲领草案中的错误。但是，李卜克内西等人对马克思和恩格斯的正确批判采取了敷衍的态度。这迫使马克思不得不抱病于4月底至5月初写出了《德国工人党纲领批注》，并随信寄给了爱森纳赫派的创始人和领导人威廉·白拉克，请他转交给爱森纳赫派其他领导人传阅。然而，这次努力仍然没有收到预期效果。1875年5月22—27日，两派选出的代表在哥达召开合并代表大会。大会选出了党的中央领导机构，决定把党的名称改为德国社会主义工人党，对纲领草案只在个别文字上略加修改就通过了，成为党的正式纲领，这就是充斥着机会主义的《哥达纲领》。

出乎意料的是，《哥达纲领》中的机会主义观点并没有被人们发觉，其负面影响并不像想象得那么大。所以，合并大会后，马克思和恩格斯并没有马上公开发表《德国工人党纲领批注》。然而，到19世纪80年代末，德国党内机会主义再次抬头。1890年，德国社会主义工人党在哈勒召开了党的代表大会，改党名为德国社会民主党，并决定起草一个新的纲领来代替旧的纲领，准备交给下届爱尔福特代表大会讨论通过。恩格斯为了使即将在爱尔福特代表大会通过的新党纲不再受机会主义的影响，毅然将《德国工人党纲领批注》于1891年在党的机关刊物《新时代》上正式公开发表了，并为其写了序言，以阐明发表的目的和意义。后人将《德国工人党纲领批注》和马克思写给白拉克的信（1875年5月5日）统称为《哥达纲领批判》。

《哥达纲领批判》对拉萨尔的机会主义进行了严厉的批判，不仅批判了拉萨尔的“劳动”观和小资产阶级的“不折不扣”的分配理论、“铁的工资规律”和“自由国家”等谬论，以及“对工人阶级来说其他阶级都是反动的一帮”的错误观点和狭隘的民族主义、“依靠国家帮助建立生产合作社”走向社会主义的幻想等，从而划清了科学社会主义和机会主义的原则界限，同时深刻地论述了科学社会主义的基本原理，原则构想了共产主义社会的发展阶段和重要特征，探讨了无产阶级专政作为“过渡时期”的国家形式的职能，辩证论述了分配方式与生产方式的内在关系，提出了实现社会主义的有效途径和无产阶级的革命策略等，极大地丰富和发展了科学社会主义理论，对国际社会主义运动和革命建设实践产生了深远的影响。

第一章　马克思面对“极其糟糕”纲领的奋笔疾书

对于两派的合并，马克思和恩格斯是极为关心与支持的，并且认为，合并的前提是爱森纳赫派必须坚持科学社会主义原则，决不能向拉萨尔的机会主义妥协，“决不拿原则做交易”[①]。然而，主持合并事宜的李卜克内西，把合并看得高于一切，没有为坚持原则进行必要的斗争。1875 年 2 月，两派召开合并预备会议商讨新党纲草案时，拉萨尔派领导人利用爱森纳赫派领导人急于合并的心理，采取强硬态度，坚持把拉萨尔机会主义观点写入新纲领。最终结果是，拟定的纲领草案不仅没有超越之前的《德国社会民主工党纲领》，还由于充斥着拉萨尔机会主义观点而大大地退步了。马克思和恩格斯看到这个“妥协”的纲领后十分震惊和愤怒，认为这是一个“极其糟糕”的纲领，两人分别对其中的机会主义观点进行了严厉的批判。

①《马克思恩格斯文集》第 3 卷，人民出版社 2009 年版，第 426 页。

一、马克思无法以“沉默”对待“会使党堕落的纲领”

尽管爱森纳赫派是在马克思和恩格斯指导下成长与发展起来的，尽管马克思和恩格斯对两派的合并高度关注并持支持态度，但李卜克内西事先并“没有通报任何情况”，甚至“全部事件直到可以说太迟的时候他还连一个字也没有告诉”[①]，当然也没有征求他们的意见，就直接将两派为新生党拟定的《德国工人党纲领》于 1875 年 3 月 7 日在各自的机关报上公开发表了。几天后，马克思和恩格斯看到这个“退步”的纲领时，都深感失望并“吃惊不小”，恩格斯于 1875 年 3 月 18—28 日写信给爱森纳赫派领导人倍倍尔，阐明了马克思和自己对纲领草案全盘否定的原则立场。恩格斯明确指出，这个纲领草案一旦通过，“马克思和我永远不会承认建立在这种基础上的新党”[②]。

《德国工人党纲领》中充斥着拉萨尔机会主义观点，主要表现在以下几个方面：第一，鼓吹“铁的工资规律”，掩盖工人贫困的根源。在资本主义社会，工人贫困的根源在于资本主义私有制，即在于私有制基础上的剩余价值规律的作用。而拉萨尔却认为，工人阶级的贫困不是资本主义制度造成的，而是人

①《马克思恩格斯文集》第 3 卷，人民出版社 2009 年版，第 416—417 页。
②《马克思恩格斯文集》第 3 卷，人民出版社 2009 年版，第 415 页。

口增长的自然规律所致。在资本主义社会中，工人的工资总是围绕人口的增减而维持在一个平均值，如果持续地高于其平均值，工人的生活状况就会得到改善，后代繁殖就会加速，导致工人人口增加，结果又会造成实际工资下降，回归到原来的平均值；反之，如果持续地低于其平均值，工人的生活状况就会恶化，后代繁殖就会减速，导致工人人口减少，结果又会造成实际工资上升，回归到原来的平均值。这也就是拉萨尔所谓的“铁的工资规律”。他认为，正是这个“铁的工资铁律”使得工人的生活状况永远也不可能得到根本的改善。第二，脱离生产，只在分配上兜圈子。拉萨尔虽然看到了资本主义在分配上存在两极分化的弊端，并试图找出解决的办法，提出按照平等的权利“不折不扣”地“公平分配劳动所得”的主张。可事实上，解决贫困问题不仅是分配领域的事情，还涉及经济基础和上层建筑的方方面面，特别是在生产和分配的关系上，生产是起决定作用的，即生产条件的分配决定了生产成果的分配。拉萨尔不顾生产大谈分配上的公平，不仅机械地照搬了古典分配理论，而且严重歪曲了马克思的经济学说，是不切实际的空想。第三，超阶级的国家观。拉萨尔主张由国家帮助建立生产合作社以摆脱工人的贫困，这是拉萨尔机会主义路线的核心。他认为，国家不是哪个阶级统治和压迫的工具，而是超阶级的，是社会个体在道德整体上的统一，是通过全体社会成员和为了全体社会成员而存在的。因此，他认为通过普鲁士国家帮助广泛建立生产合作社是最公平、最合法而又最简单的可行办法。可事实上，国家不是超阶级的，普鲁士政府是一个由各级官僚执政、实行警察统治的军事专制主义的政府，它不可能通过帮助工人而使工人获得解放。第四，迷恋于普选权。拉萨尔信任国家，因而主张与国家合作，主张通过合法的手段使国家成为人民的自由的国家，从而工人最终获得彻底解放。但是，合作的启动点就是争取普选权，即通过普选权选举工人代表进入国会，从而拥有提出和否决议案的权利，以便维护工人的利益。进而，可以利用一切合法手段进行和平的鼓动，普鲁士国家也将因此变成自由国家了，社会主义社会也会随之发展了。这种改良主义的主张无疑会将工人运动引向歧途。第五，放弃国际主义原则。拉萨尔拒绝参加第一国际，并且阻挠工人参加第一国际的活动，根本不提工人阶级的国际主义义务，只是将“各民族的国际的兄弟联合”[1]作为工人阶级为了自身的解放所作努力的一个必然结果。可以说，拉萨尔完全背离了《共产党宣言》提出的全世界无产者联合起来的国际主义原则。

面对上述这样一个充斥着机会主义观点的纲领草案，马克思和恩格斯觉得不可思议：作为两党合并后的纲领，不仅没有超过爱森纳赫派的纲领，反而比爱森纳赫派的纲领还倒退了一步。马克思和恩格斯所期待的新生党的纲领，是在基本接受爱森纳赫派纲领基础上并结合当时形势进行必要修正而完善了的，而不是基本接受了拉萨尔派观点的纲领草案。恩格斯在给倍倍尔

①《马克思恩格斯文集》第 3 卷，人民出版社 2009 年版，第 438 页。

的长信中，从五个方面严肃批判了纲领草案的机会主义观点，指出了两党合并的基础和条件：“合并的第一个条件是，他们不再做宗派主义者，不再做拉萨尔派，也就是说，他们首先要放弃国家帮助这个救世良方，即使不完全放弃，也要承认它同其他许多可能采取的措施一样是个次要的过渡措施。”[①]恩格斯表示“不能原谅”李卜克内西，因为他“这一次做得实在太不像话了，我们坚决不和他一起走”[②]。

马克思和恩格斯的最初表态，并没有动摇李卜克内西对纲领草案的坚持。究其原因：一是理论上的不成熟，无法划清机会主义与科学社会主义的界限；二是急于组织上的合并，担心因两派就纲领谈不拢而延误时机；三是误认为会由于纲领的分歧而出现分裂波澜。总之，理论上的局限性和行动上的急于求成，以及对分裂的恐惧心理，使得李卜克内西不仅没有听进去马克思和恩格斯对“妥协”纲领的批评，反而极力为之辩护，还声称这个纲领是马克思主义的胜利。于是，马克思便抱病于1875年4月底至5月初奋笔疾书，“不得不远远超过”医生给他限定的工作量，写就了《德国工人党纲领批注》。

《德国工人党纲领批注》写好后，马克思致信白拉克，请他阅后转交给倍倍尔和李卜克内西等人过目，期望爱森纳赫派领导人能划清与拉萨尔机会主义的界限，坚持科学社会主义。马克思在信中首先说明了自己为什么尽管“工作太忙”且患病

①《马克思恩格斯文集》第3卷，人民出版社2009年版，第411页。
②《马克思恩格斯文集》第3卷，人民出版社2009年版，第417页。

却不得不“写这么长的东西”的原因，“我的义务也不容许我哪怕用外交式的沉默来承认一个我认为极其糟糕的、会使党精神堕落的纲领”[①]。“况且，撇开把拉萨尔的信条奉为神圣这一点不谈，这个纲领也是完全要不得的。”[②]

马克思认为，制定原则性纲领对于一个党来说至关重要，绝不能含糊。因为党的原则性纲领，“就是在全世界面前树立起可供人们用来衡量党的运动水平的里程碑”[③]。如果眼前来不及统一两党的认识，就“应该把这件事推迟到由较长时间的共同工作准备好了的时候”[④]，再制定不迟。

同时，马克思指出，实际行动比纲领更为重要。既然当前迫于局势的压力所制定的纲领暂时不可能超过爱森纳赫纲领，“那就干脆缔结一个反对共同敌人的行动协定”，因为“一步实际运动比一打纲领更重要”[⑤]。而且，拉萨尔派也会服从于其行动纲领。因为拉萨尔派为形势所迫“靠拢我们”，“如果一开始就向他们声明，决不拿原则做交易，那么他们就不得不满足于一个行动纲领或共同行动的组织计划”[⑥]。

马克思认为，合并本身是好事，是使工人感到满意的，但为了合并而放弃原则甚至不惜“向那些本身需要援助的人无条

①《马克思恩格斯文集》第 3 卷，人民出版社 2009 年版，第 426 页。
②《马克思恩格斯文集》第 3 卷，人民出版社 2009 年版，第 426 页。
③《马克思恩格斯文集》第 3 卷，人民出版社 2009 年版，第 426 页。
④《马克思恩格斯文集》第 3 卷，人民出版社 2009 年版，第 426 页。
⑤《马克思恩格斯文集》第 3 卷，人民出版社 2009 年版，第 426 页。
⑥《马克思恩格斯文集》第 3 卷，人民出版社 2009 年版，第 426 页。

件投降”，其代价实在是“过高”了，这无疑是错误的。而且，有错不改，故意“回避一切批评，不让自己的党有一个深思的机会”[①]，那就更是错上加错了。

正是基于上述考虑，马克思系统而全面地驳斥了纲领草案中的机会主义观点。虽然带病批注的过程“决不是一种享受”，但出于义务和责任完成批注时马克思如释重负，深深地感叹道：“我已经拯救了自己的灵魂。”[②]

二、“幸而这个纲领的遭遇比它应有的遭遇要好些”

《德国工人党纲领批注》并未被爱森纳赫派领导人所理解和接受，而马克思和恩格斯当时也未公开发表它，其主要原因在于新生党的纲领通过后并没有被人们深刻地领会到其中的机会主义成分，其所造成的影响也远没有预期的那么糟糕。因此，当时马克思和恩格斯就没有公开声明不同意这个纲领草案，当然也就没有公开发表《德国工人党纲领批注》。

马克思和恩格斯最初担心《德国工人党纲领》一旦通过后，会造成分裂，因此，准备在适当的时候公开声明这个纲领和他们没有任何关系，宣告他们不同意这个杂乱无章、毫无联系、

① 《马克思恩格斯文集》第3卷，人民出版社2009年版，第426页。
② 《马克思恩格斯文集》第3卷，人民出版社2009年版，第449页。

不合逻辑和丢丑的纲领。恩格斯在 1875 年 3 月写给倍倍尔的信中指出：“在这种基础上的合并连一年也保持不了。难道我们党的优秀分子会愿意不断地重复拉萨尔关于铁的工资规律和国家帮助那一套背熟了的词句吗？……分裂是一定会发生的。”[①]恩格斯还继续指出了分裂之后对党的危害性：“分裂以后，我们将被削弱，而拉萨尔派将会增强；我们的党将丧失它的政治纯洁性，并且再也不可能有力地反对它自己一度写在自己旗帜上的拉萨尔词句。”[②]不仅如此，拉萨尔派还极有可能拿这个纲领来颠倒黑白地说，“他们是真正的和唯一的工人党，我们的人是资产者”，因为纲领中的一切社会主义措施似乎都是他们的，而爱森纳赫派除了小资产阶级民主派的一些要求以外就什么东西也没有添进去。而小资产阶级民主派又被新生党纲领中说成“反动的一帮”的一部分！白拉克也有同样的忧虑：“这种合并本身包含着分裂的萌芽。”[③]

事实上，《德国工人党纲领》在哥达合并大会上通过后，并没有导致党的分裂，而且，工人运动在马克思和恩格斯的指导下仍然蓬勃发展，也就是说，纲领的遭遇比预想的要好。其主要原因在于，无论是工人阶级还是资产阶级，都没有真正读懂新纲领，没有意识到新生党纲领中的错误。这一方面源于李卜克内西等人对批判意见的封锁，另一方面源于工人阶级和资

①《马克思恩格斯文集》第 3 卷，人民出版社 2009 年版，第 416 页。
②《马克思恩格斯文集》第 3 卷，人民出版社 2009 年版，第 416 页。
③《马克思恩格斯全集》第 34 卷，人民出版社 1972 年版，第 147 页。

产阶级的科学社会主义水平有限。应该说，马克思和恩格斯的批评与劝告，李卜克内西等人是极为不满的。他们不想因为这个“插曲”而阻隔或耽误了本想急于促成的合并，因此，尽量地封锁和阻挠其批评意见的传播。李卜克内西认为，甄别纲领中的用词准确与否，是学究们的事情。对于工人而言，完全没有必要知道其中的精准性；对于工人的政党而言，也不必细究用语和表达是否十分完美，只要能够明确其实际的目标就好。他辩解说，“工人不是学究 ，他并不是把每一个字都放到秤金的天平上去秤一秤：党的健全的理智并不在乎纲领的不精彩的用语和表达，它只注重社会民主党的实际的真正的目标”[①]。因而，他认为，马克思和恩格斯对纲领的担忧是多虑的。“担心党将会堕落，合并纲领将使党毁灭，是没有根据的。”[②]正是基于这样的想法，李卜克内西等人千方百计地封锁对纲领草案的任何批评意见，想尽办法不让更多的人知晓纲领的模糊性和妥协性。同时，由于科学社会主义理论水平有限，不仅广大工人群众无法读出渗透在纲领中的机会主义观点，甚至连资产阶级新闻界的笔杆子们，也没有发现纲领中的任何退步。他们都从马克思和恩格斯的视角对纲领加以解读，从而作了科学社会主义观的正面解释。也就是基于这种意料之外的好情况，马克思

① 中共中央编译局资料室编：《研究〈哥达纲领批判〉参考史料》，生活·读书·新知三联书店 1978 年版，第 235 页。

② 中共中央编译局资料室编：《研究〈哥达纲领批判〉参考史料》，生活·读书·新知三联书店 1978 年版，第 420 页。

和恩格斯保持了沉默。正如恩格斯所说的：“幸而这个纲领的遭遇比它应该有的遭遇要好些。工人、资产者和小资产者在其中领会出它本来应该有但现在却没有的东西，任何一方面的任何一个人都没有想到去公开分析这些奇怪的命题中任何一个命题的真实内容。这就使我们可以对这个纲领保持沉默。”[①]“仅仅是由于这种情况，马克思和我才没有公开声明这个纲领同我们毫无关系。”[②]

另外，马克思的《德国工人党纲领批注》，本来就是写给爱森纳赫派领导人看的，其目的是使他们认清拉萨尔机会主义的实质，提高科学社会主义的理论水平，在合并的新纲领上能够坚持革命原则。同时，也是为了澄清自己和恩格斯与这个新纲领草案“毫无关系”。如果因为工作忙或健康原因不能对这个纲领进行批判，马克思心理上是过不去的，而是在百忙中抱病对纲领进行全面而严厉的批判，马克思便也问心无愧了。至于爱森纳赫派能够理解和接受多少或是否发表，也只能顺其自然了。恩格斯曾向倍倍尔指出这一点：“马克思写这个批判只是为了使自己心安，丝毫不指望有什么效果，正如结尾的一句话所说的：我已经说了，我已经拯救了自己的灵魂。”[③]

总之，由于种种原因，当敌人和工人都以非常严肃的态度来对待这个纲领，并将马克思和恩格斯的观点掺到纲领中去

①《马克思恩格斯全集》第 34 卷，人民出版社 1972 年版，第 148 页。
②《马克思恩格斯文集》第 10 卷，人民出版社 2009 年版，第 406 页。
③《马克思恩格斯文集》第 10 卷，人民出版社 2009 年版，第 609 页。

的时候，马克思和恩格斯对新纲领保持了沉默，并不急于发表马克思对这个纲领的批注。

三、恩格斯为避免犯“隐匿罪”毅然将《哥达纲领批判》公开发表

马克思写于 1875 年 4—5 月的《德国工人党纲领批注》，最终发表于他去世八年后的 1891 年 1 月底，名为《哥达纲领批判》。时隔十五年多，恩格斯毅然将《哥达纲领批判》公开发表，时也，势也。

由爱森纳赫派和拉萨尔派合并而形成的德国社会主义工人党，虽然在纲领上犯了严重的错误，向拉萨尔派的机会主义做了妥协和让步，但在实践中，由于马克思和恩格斯关怀与指导，以及广大党员群众的积极斗争，仍然得到了很大发展。1877 年，党员人数达到 3.5 万，在同年举行的国会选举中，社会主义工人党获得了近 50 万张选票，这不免引起了敌人的恐慌和敌视。1878 年，俾斯麦利用威廉一世被刺事件，颁布了《反对社会民主党进行普遍危害活动法》，即“反社会党人非常法”。该法令宣布社会主义运动为非法，禁止工人建立组织和集会，不准工人出版报刊等。面对俾斯麦的高压政策，党内的右倾机会主义又乘机活跃起来，宣扬投降主义路线，主张把党变成资产阶级改良主义政党。同时，党内“左倾”机会主义也伺机而动，鼓吹立即革命，搞盲目行动。最终结果是，暴露了党的力量，

并给党带来了严重灾难。而广大党员和工人群众却根据白色恐怖的实际情况，建立起了秘密组织，有序地开展反迫害的斗争。马克思和恩格斯积极支持其秘密组织的反迫害斗争，并为他们制定了正确的斗争策略。

进入19世纪90年代，资本主义正处在从自由资本主义向帝国主义过渡的时期，德国国内阶级斗争出现了新的形势。由于阶级矛盾的尖锐和工人运动的蓬勃发展，迫使德国统治阶级改变了应对策略，从过去的高压政策转向了“胡萝卜”策略：一方面用金钱拉拢工人阶级的上层分子，培植工人贵族；另一方面于1890年废除了“反社会党人非常法”，宣布实行社会改良的自由主义政策。在这种情况下，德国社会主义工人党恢复了公开活动。与此同时，党内右倾机会主义者在“胡萝卜”策略的诱惑下再次活跃。他们公开美化资产阶级，吹捧自由主义政策的进步性，主张阶级合作，宣扬德国政府已经能够按照全体人民的利益办事了，只要工人政党能够争取更多的选票和议席，就可以和平地实现社会主义。

1890年10月12—18日，德国社会主义工人党在哈雷召开党的代表大会。大会决定改党名为德国社会民主党，并根据李卜克内西的提议，决定为下届将在爱尔福特召开党的代表大会起草一个新的纲领来代替《哥达纲领》，并在代表大会召开前3个月公布，以便在地方党组织和报刊上展开讨论。

这一决定引起了恩格斯的高度关注。新起草的纲领能否摒弃《哥达纲领》中的机会主义、能否充分体现马克思主义政党的理论水平、能否“在全世界面前树立起可供人们用来判断党的运动水平的里程碑”[①]，对此，恩格斯持怀疑态度。应该说，在过去的十几年实践中，李卜克内西对《哥达纲领》中的错误已有所认识，但并不深刻。事实上，他对马克思和恩格斯的批评还始终耿耿于怀，在哈雷召开的党的代表大会上所作的题为“关于德国社会民主党新纲领”的报告中，他分析了《哥达纲领》，并且不指明出处地引用了马克思《德国工人党纲领批注》中的某些论点，但同时他又不指名地对这个批注进行了攻击。这就促使恩格斯决定要将《德国工人党纲领批注》公开发表，以肃清拉萨尔机会主义的影响，争取为下届党的代表大会提供一个科学的共产主义纲领。正如恩格斯在给卡尔·考茨基的信中谈到李卜克内西时所指出的：“他一方面把抄自马克思手稿的东西放肆地当做自己的加以利用，一方面不指名地对这份手稿进行攻击。马克思如果还在世，一定会拿自己的原稿来同这种篡改进行对证，而我是有义务替他做这件事的。”[②]“既然哈雷党代表大会已把关于哥达纲领的讨论提到了党的议事日程，所以我认为，如果我还不发表这个与这次讨论有关的重要的——也许是最重要的——文件，那我就要犯隐匿罪了。”[③]于是，恩格斯顶住压力，在社会民主党中央机关报《新时代》编辑考茨基的积极配合下，终于在 1891 年 1 月 31 日将《哥达纲领批判》即《德

①《马克思恩格斯文集》第 3 卷，人民出版社 2009 年版，第 426 页。
②《马克思恩格斯文集》第 10 卷，人民出版社 2009 年版，第 603 页。
③《马克思恩格斯文集》第 3 卷，人民出版社 2009 年版，第 423 页。

国工人党纲领批注》和马克思于 1878 年 5 月 5 日《给威廉·白拉克的信》公开发表在《新时代》上。

围绕《哥达纲领批判》的公开发表，恩格斯同机会主义者及调和主义者进行了一场尖锐的斗争。李卜克内西和倍倍尔担心发表后会给敌人提供反对社会党人的武器，因而不同意发表。恩格斯认为，“担心这封信会给敌人提供武器，是没有根据的。恶意的诽谤当然是借任何事由都可以进行的”①。而且，发表后在引起敌人极大惊愕的同时，还会使他们感觉到“一个能够这样做的党该具有多么大的内在力量啊”②，这也正是恩格斯坚持公开发表的一个“用意”。恩格斯指出：“大多数人会感谢我发表这篇东西。它使未来的纲领免除不彻底性和空洞的言词。”③因为《哥达纲领》所体现的地道的拉萨尔机会主义和人民党式的庸俗民主主义“并没有因为它们作为党的正式纲领保留了十五年之久而变得好些”④。所以，恩格斯反问道：“如果今天还不能公开指出这一点，那要等到什么时候呢？”⑤特别是恩格斯决定在党的中央机关刊物上发表，除了基于为考茨基减轻责任的考量外，还可以借此表明党的自我纠错能力和修复勇气。“此文在正式机关报上转载，会使我们敌人的进攻锋芒

①《马克思恩格斯文集》第 10 卷，人民出版社 2009 年版，第 602 页。
②《马克思恩格斯文集》第 10 卷，人民出版社 2009 年版，第 602 页。
③《马克思恩格斯全集》第 38 卷，人民出版社 1972 年版，第 23 页。
④《马克思恩格斯全集》第 38 卷，人民出版社 1972 年版，第 24 页。
⑤《马克思恩格斯全集》第 38 卷，人民出版社 1972 年版，第 23 页。

减弱，也使我们能够这样讲：请看，我们是怎样自己批评自己的，我们是唯一能够这样做的政党。”①

倍倍尔不同意发表的另外一个原因，是担心马克思对拉萨尔的猛烈攻击，会伤害党内老拉萨尔主义者，从而造成党内的鸿沟。恩格斯认为，这些人之所以会受到所谓的“伤害”，是由于他们还不了解拉萨尔本人的两面性，而只看到他作为社会主义者拉萨尔的一面了。其实，“同社会主义者拉萨尔形影不离的是蛊惑家拉萨尔”②。恩格斯指出：“由于马克思的批判而感到自己受了伤害的那一部分人，只了解拉萨尔两年的鼓动工作，而且还是戴着玫瑰色眼镜来看他的鼓动工作的。但是在这种偏见面前，历史的批判是不能永远保持毕恭毕敬的姿态的。我的责任就是最终揭示马克思和拉萨尔之间的关系。”③而且，也确实到了该彻底划清马克思和拉萨尔界限的时候了。“拉萨尔属于历史已有 26 年了。如果他在非常法时期没有受到历史的批判，那么现在终于到了必须进行这种批判并弄清拉萨尔对马克思的态度的时候了。掩饰拉萨尔的真实面目并把他捧上天的那种神话”④，绝不能成为党的信条。不仅如此，恩格斯还满怀和气善意地愿意架设沟通的桥梁以便跨越可能因此而产生的鸿沟。“我简直是满怀和意，也没有任何理由发火，我渴望架设任何一

①《马克思恩格斯全集》第 38 卷，人民出版社 1972 年版，第 21 页。
②《马克思恩格斯文集》第 10 卷，人民出版社 2009 年版，第 603—604 页。
③《马克思恩格斯文集》第 10 卷，人民出版社 2009 年版，第 604 页。
④《马克思恩格斯文集》第 10 卷，人民出版社 2009 年版，第 603 页。

种桥梁——浮桥，机架桥，铁桥或石桥，甚至是金桥，以便跨越倍倍尔隐约看到在远处可能存在的深渊或鸿沟。”[①]

鉴于党内一些领导人不接受批评的抵制态度，以及倍倍尔反映的“许多好同志受到很大挫伤”的情况，恩格斯特别提醒广大党员群众：“不要再总是过分客气地对待党内的官吏——自己的仆人，不要再总是把他们当做完美无缺的官僚，百依百顺地服从他们，而不进行批评。”[②]

《哥达纲领批判》公开发表后，引起了德国社会民主党内外一场尖锐的斗争。首先是李卜克内西和国会党团对考茨基的指责：一是认为考茨基是背着党而擅自发表的，事先没有通知中央领导人，是不光明磊落的；二是认为这篇文章的发表会授人以柄，即给敌人提供了破坏工人运动的机会，将伤害党内广大同志。对此，考茨基予以了驳斥：“第一，他不认为有义务把文章提交党的领导者审阅；第二，发表《哥达纲领批判》的事是事先告诉两个国会党团成员的，其中有党的领导人倍倍尔，还给他寄去了清样，因此不是背着党干的。”[③]然而，国会党团还是一致决定，在中央机关报《前进报》上发表一篇题为《马克思关于纲领的一封信》的社论，以谴责《新时代》“私自”发表了《哥达纲领批判》一事。考茨基在《新时代》转载这篇社论时，

①《马克思恩格斯全集》第38卷，人民出版社1972年版，第37页。

②《马克思恩格斯全集》第38卷，人民出版社1972年版，第37页。

③ 中共中央编译局资料室编：《研究〈哥达纲领批判〉参考史料》，生活·读书·新知三联书店1978年版，第201页。

针对文章的谴责加了一个注释，旨在坚持上述两条驳斥理由的前提下，承担了发表的责任。恩格斯说这个注加得“非常好”[①]。

其次是在国会党团里还有人主张要对《新时代》进行严格检查。对此，恩格斯十分气愤，认为这无异于是在实行新的“反社会党人法”。他讽刺道：“这确实太妙了……在德国社会主义科学摆脱了俾斯麦的反社会党人法以后，又要把它置于一个由社会民主党的机关自己炮制和实施的新的反社会党人法之下，这实在是个绝妙的想法。”[②]恩格斯在给倍倍尔的信中说道：“由党掌握你们的全部刊物的做法，不由得使我感到离奇。既然你们在自己的队伍中实施反社会党人法，那你们和普特卡默有什么区别呢？”[③]社会民主党“需要社会主义科学，而这种科学没有发展的自由是不能存在的”[④]。因此，恩格斯希望社会民主党领导人能够“气量”大些，“在行动上少来点普鲁士作风”[⑤]。

面对国会党团对《新时代》的公开严厉谴责，其出版人狄茨承受着巨大的压力，他恳求考茨基再写一篇和解的文章，以《新时代》编辑部的名义发表，以平息国会党团对《新时代》的严厉谴责。考虑到作为党的理论刊物的编辑部，理应在纪律上服从党的集体决定，加上出版人狄茨的利益诉求，考茨基在不

①《马克思恩格斯全集》第 38 卷，人民出版社 1972 年版，第 35 页。
②《马克思恩格斯文集》第 10 卷，人民出版社 2009 年版，第 604—605 页。
③《马克思恩格斯文集》第 10 卷，人民出版社 2009 年版，第 612 页。
④《马克思恩格斯文集》第 10 卷，人民出版社 2009 年版，第 612 页。
⑤《马克思恩格斯文集》第 10 卷，人民出版社 2009 年版，第 612 页。

违背原则立场的前提下，于 1891 年 2 月 13 日以《新时代》编辑部的名义发表了《我们的纲领》一文，以求尽量和解。对于考茨基的《我们的纲领》一文，我们应该历史地来看。为了使国会党团不至于发表公开的谴责，考茨基在《我们的纲领》一文中是做了些许妥协的，但他首先肯定了《哥达纲领批判》的实质性论述，指出其具有无可争辩的价值。同时，认为马克思的《哥达纲领批判》并非对拉萨尔的一个总的判断，而仅仅涉及拉萨尔的理论活动和策略活动的某些方面。考茨基也阐述了自己对拉萨尔的评价，并指出马克思在经济学理论上战胜了拉萨尔。对此，恩格斯是认同的，不仅没有提出任何指责，而且支持这种和解的策略行动。

总之，出于对“极其糟糕的纲领”的无法“沉默”，马克思带病于百忙之中写出了《哥达纲领批判》；由于“极其糟糕的纲领”公布后的不良影响远比预期的要好，马克思和恩格斯当时便没有公开发表《哥达纲领批判》；时隔十五年后，由于党内外形势的新变化，恩格斯为避免犯“隐匿罪”而毅然将《哥达纲领批判》公开发表在社会民主党中央机关报《新时代》上。随后同一切反对公开发表的声音作了毫不妥协的斗争，从而捍卫了德国社会民主党纲领的科学社会主义性质。

第二章 逐条地批判“连文字都写的干瘪无力”的纲领

针对《哥达纲领》中的机会主义观点，马克思最初批注时的标题为《对德国工人党纲领的几点意见》,后来发表时改为《德国工人党纲领批注》，也正是基于该文确实是对《德国工人党纲领》逐条进行批注的。在马克思批注之前，恩格斯于 1875 年 3 月中下旬就在给倍倍尔的信中主要从五个方面对《德国工人党纲领》进行了批判。因此，恩格斯写给倍倍尔的这封信也是深入理解《德国工人党纲领批注》的一份重要文献。《哥达纲领批判》于 1891 年 1 月 31 日在《新时代》第 31 期上公开发表以后，先后在各国刊印传播，对国际工人运动产生了深远而广泛的影响，至今仍然魅力不减。

一、“批注式”的篇章结构

《德国工人党纲领批注》分为四章，共一万两千多字。其行文基本上是对应《德国工人党纲领》的条款逐条进行批注的。因此，其篇章结构也就是“批注式”结构。当时，面对几乎是“杂乱的、毫无逻辑”的甚至是“连文字都写的干瘪无力”的《德国工人党纲领》，马克思只好一条一条地进行严肃的批驳。全文虽不算长，但涉及的内容广泛，回答的问题十分重要，阐发的基本原理丰富和发展了科学社会主义理论。

第一章共有五节。第一节包括三部分，第一部分马克思批驳了“劳动是一切财富的源泉”的谬论。马克思指出，劳动仅仅是财富的源泉之一，自然界同劳动一样也是使用价值即财富的源泉。第二部分马克思剖析了“有益的劳动只有在社会中和通过社会才是可能的”之论点。马克思指出，这句话意味着任何有益的劳动都不能离开社会。由此可以说，只有在社会中，无益的、甚至有损公益的劳动才能成为一种行业，只有在社会中才能游手好闲过日子。第三部分马克思分析了“而因为有益的劳动只有在社会中和通过社会才是可能的，所以劳动所得应当不折不扣和按照平等的权利属于社会一切成员”[1]这一结论。马克思指出，既然有益的劳动只有在社会里和通过社会才是可能的，那么劳动所得就应当属于社会，只有不必用来维持社会的那一部分，才归各个劳动者所得。所以，劳动所得不可能是不折不扣的。

第二节，马克思主要批驳了“在现代社会，劳动资料为资本家阶级所垄断”的论点。马克思指出，在现代社会，劳动资料为土地所有者和资本家所垄断，而不只是由资本家垄断着。

第三节，马克思批驳了“劳动的解放要求把劳动资料提高

①《马克思恩格斯文集》第 3 卷，人民出版社 2009 年版，第 428 页。

为社会的公共财产，要求集体调节总劳动并公平分配劳动所得”[①]的主张。马克思首先指出了“劳动的解放”、“劳动所得”和“公平分配”等概念的模糊不清，并在厘清其概念的基础上，划分了未来社会的不同发展阶段及所对应的公平分配，深刻阐述了生产和分配之间的辩证关系。

第四节，马克思批驳了“对它（工人阶级）说来，其他一切阶级只是反动的一帮”的谬论。马克思指出，相对于封建地主和中间等级来说，资产阶级是被当作革命阶级看待的。不加区分地把他们统统看成是反对的一帮，是荒谬的。

第五节，马克思批驳了拉萨尔从最狭隘的民族观点来理解工人运动，从而放弃国际主义的主张。马克思指出，这个纲领的国际信念，同自由贸易派的国际信念比起来相差甚远。

第二章，马克思批驳了拉萨尔的“铁的工资规律”。马克思指出，根本不存在所谓的“铁的工资规律”，工资的实质是劳动力的价值或价格。只要废除了雇佣劳动，就废除了它的规律，不管这些规律是铁的，还是海绵的。

第三章，马克思批驳了试图“依靠国家帮助建立生产合作社长入社会主义”的幻想。马克思指出，这已经“从阶级运动的立场完全退到宗派运动的立场”[②]上去了。

第四章，共两节。第一节马克思批驳了“国家的自由的基

①《马克思恩格斯文集》第 3 卷，人民出版社 2009 年版，第 431 页。
②《马克思恩格斯文集》第 3 卷，人民出版社 2009 年版，第 443 页。

础”说。马克思在辨析了“现代社会”、“现代国家”和“现代国家制度”等基本概念的基础上，提出了从资本主义社会向共产主义社会的革命转变时期即政治上的过渡时期的国家，只能是无产阶级专政。然而，纲领草案却避而不谈“无产阶级的革命专政”和“未来共产主义社会的国家制度”，只重复“普选权、直接立法、人民权利、国民军”①等陈词滥调，是毫无意义的。

第二节马克思批驳了纲领提出的“作为国家的精神的和道德的基础”的一系列语焉不详的要求。例如，纲领提出“由国家实行普遍的和平等的国民教育”，可事实上，当时的国家政府是不可能对一切阶级都实现平等教育的；含糊地提出“正常的工作日”，而不明确指出究竟多长的工作日是正常的；笼统地提出“限制妇女劳动和禁止儿童劳动”，而不明确指出限制在哪些有损妇女身体健康的部门工作和儿童的年龄界限；还提出“对工厂工业、作坊和家庭工业实行国家监督”“调节监狱劳动”“实行有效的责任法”②等，马克思都一一作了批注，指出其草率性。

二、恩格斯的两份重要文献：《序言》和《给奥·倍倍尔的信》

《哥达纲领批判》作为一篇“批注”，属于论战性著作，即

①《马克思恩格斯文集》第3卷，人民出版社2009年版，第445页。

②《马克思恩格斯文集》第3卷，人民出版社2009年版，第446、448、449页。

运用已有的正确理论来批判《哥达纲领》中的错误思想和观点。因此，要深入领会《哥达纲领批判》，还需要结合其他马克思主义经典著作一起研读。例如，《共产党宣言》和《社会主义从空想到科学的发展》这两部科学社会主义的重要著作，以及列宁的《国家与革命》等经典文献。当然，与《哥达纲领批判》联系更为直接的是恩格斯的两份重要文献：一份是 1875 年恩格斯给德国社会民主工党领导人倍倍尔的信；另一份是恩格斯于 1891 年为其公开发表所写的《序言》。

恩格斯在《序言》中首先明确指出了时隔十五年后公开发表的必要性。也就是说，《哥达纲领批判》对即将在哈雷召开的党的代表大会所要讨论的新纲领至关重要。“如果我还不发表这个与这次讨论有关的重要的——也许是最重要的——文件，那我就要犯隐匿罪了。”[①]可见，虽然十五年过去了，但马克思的《哥达纲领批判》对于德国社会工人党制定新的纲领，仍然是“最重要”的文件，如果不予发表，那简直就是犯罪了。

同时，恩格斯指出了公开发表的另外的和更为广泛的意义。也就是说，“第一次明确而有力地表明了马克思对拉萨尔开始从事鼓动工作以来所采取的方针的态度，而且既涉及拉萨尔的经济学原则，也涉及他的策略”[②]。

马克思与拉萨尔的关系，经历一个从相互支持到最终决裂

①《马克思恩格斯文集》第 3 卷，人民出版社 2009 年版，第 423 页。
②《马克思恩格斯文集》第 3 卷，人民出版社 2009 年版，第 423 页。

的过程。拉萨尔早在 1848 年参加欧洲革命活动期间就结识了马克思和恩格斯。1849 年 2—5 月，马克思和恩格斯曾四次以“拉萨尔”为题在《莱茵报》上公开发表文章声援拉萨尔。1863 年 3 月，拉萨尔发表了《给莱比锡全德工人代表大会的中央委员会的公开答复》,其核心内容是依靠国家帮助建立生产合作社和争取获得普选权，以便实现劳动的解放和社会公平。这标志着拉萨尔机会主义的形成。事实上，在此之前，为了得到普鲁士国家的帮助实现普选,拉萨尔从 1860 年 5 月起多次与俾斯麦通信和密谈，表示一旦工人有理由相信独裁对他们有好处，就会本能地感到自己倾向于独裁。1863 年 5 月，拉萨尔担任全德工人联合会主席后，其机会主义严重侵蚀着德国的工人运动。针对拉萨尔所幻想的国家社会主义对工人运动的影响和破坏，马克思于 1963 年同拉萨尔正式决裂。为此，马克思在给路德维希·库格曼的信中详细地说明了决裂的三个主要原因:“(1)由于他大肆自我吹嘘，甚至还把从我和其他人的著作里极其无耻地剽窃去的东西也拿来吹嘘;(2)因为我谴责了他的政治策略;(3)因为早在他开始进行鼓动以前，我在伦敦这里就向他详细解释和‘证明’所谓‘普鲁士国家’实行直接的社会主义干涉是荒谬的。他在给我的信（从 1848 年到 1863 年）中像同我会面时一样，老说他是我所代表的党的追随者。但是，一当他在伦敦（1862 年底）确信，他对我不能施展他的伎俩，他就决定以‘工人独裁者’的身份来反对我和原来的党。”[①]当然，尽管这样，马克思还是承认拉萨尔在工人运动中进行鼓动的功绩，虽然他后来的鼓动越来越暧昧了。马克思认为，拉萨尔无疑是爱好虚荣的，但却不是用市长官职这样的小恩小惠就可以收买的，他同俾斯麦握手言欢是为了无产阶级的利益，是想成为一名“为无产阶级建立了直接功勋的斐迪南·拉萨尔！”，但是，“他对建立这种功勋的现实的经济条件的确太无知，以致不能批判地对待自己！”[②]可见，马克思不仅反对拉萨尔的政治策略，而且认为他的社会主义路径是荒谬的，是对其实现的经济条件一无所知的结果。

恩格斯还明确指出，马克思剖析纲领的尖锐性和揭露缺点的严厉性，在十五年后也不会伤害到任何人。因为“地道的拉萨尔分子只是在国外还作为一些孤独的残余存在着，而哥达纲领甚至也被它的那些创造者们在哈雷当做完全不能令人满意的东西抛弃了”[③]。

最后，恩格斯特别说明了马克思剖析纲领草案时某些言词的无情和语气激烈的原因。“第一，马克思和我对德国运动的关系，比同其他任何一国运动的关系都更为密切；因此这个纲领草案中所表现的明显的退步，不能不使我们感到特别愤慨。第二，那时……我们正在同巴枯宁和他无政府主义派进

①《马克思恩格斯文集》第 10 卷，人民出版社 2009 年版，第 219 页。
②《马克思恩格斯文集》第 10 卷，人民出版社 2009 年版，第 221 页。
③《马克思恩格斯文集》第 3 卷，人民出版社 2009 年版，第 423 页。

行最激烈的斗争，他们要我们对德国工人运动中发生的一切负责；因而我们不得不预先想到，他们也会把我们说成是这个纲领的秘密创作者。”[①]而过了十五年之后，这些顾虑已经消失，随之某些激烈的地方也就失去必要性了。因此，恩格斯应《新时代》编辑部的要求，也相应地删去了某些激烈的语气和尖锐的用词。

恩格斯于 1875 年 3 月写给倍倍尔的信，是应倍倍尔的要求，在信中谈了自己对《哥达纲领》的看法。恩格斯和马克思一样对充斥着拉萨尔机会主义的《哥达纲领》进行了严厉的批判，同时严肃批评了爱森纳赫领导人所犯的妥协错误。但是，与马克思逐条批驳《哥达纲领》的形式不同，恩格斯在信中主要是从五个方面指出了《哥达纲领》中的拉萨尔机会主义的错误，并对《哥达纲领》表达了自己的总体评价：“纲领中差不多每一个字都应当加以批判。”[②]

恩格斯认为，合并的时机是有利于爱森纳赫派坚持自己的原则立场的。因为我们党过去经常向拉萨尔派伸出手来，建议和解或者至少合并，但每次都遭到对方的无礼拒绝。而现在是拉萨尔派们自己跑来表示与我们党和解，“那他们一定是陷入极端困难的境地了。但是，考虑到这些人的尽人皆知的本性，我们有责任利用这种困境取得一切可能的保证，使这些人无法靠

①《马克思恩格斯文集》第 3 卷，人民出版社 2009 年版，第 423—424 页。
②《马克思恩格斯文集》第 3 卷，人民出版社 2009 年版，第 415 页。

损害我们党的利益在工人舆论中重新巩固他们已经动摇的地位”[①]。恩格斯特别强调，合并不能是无条件的：“是否合并要看他们有多少诚意放弃他们的宗派口号和他们的‘国家帮助’，并基本上接受 1869 年的爱森纳赫纲领或这个纲领的适合目前情况的修正版。”[②]也就是说，在拉萨尔派陷入困境的时候，是可以让他们放弃一些先前固守的宗派口号及“国家帮助”的幻想，从而基本接受爱森纳赫派的纲领实现合并的。可事实上，爱森纳赫派却在有利的条件下向拉萨尔派无原则地妥协了，恩格斯认为：这是“‘诚实的人’又一次受到了不诚实的人的极大的欺骗”，同时意味着，爱森纳赫派的政治机警性不强，这方面要比拉萨尔派“差一百倍”[③]。

恩格斯在向倍倍尔指出了爱森纳赫派的不应有的妥协之后，主要从以下五方面指出了德国社会民主工党领导人在《哥达纲领》中接受了拉萨尔机会主义的错误。第一，接受了拉萨尔的看似“响亮”但从历史的观点看却是“错误”的关于阶级定性的观点：对工人阶级来说，其他一切阶级只是反动的一帮。恩格斯指出，“这句话只有在个别例外场合才是正确的，例如，在像巴黎公社这样的无产阶级革命时期，或者是在这样的国家，那里不仅资产阶级按照自己的形象塑造了国家和社会，而且民

①《马克思恩格斯文集》第 3 卷，人民出版社 2009 年版，第 410 页。
②《马克思恩格斯文集》第 3 卷，人民出版社 2009 年版，第 410 页。
③《马克思恩格斯文集》第 3 卷，人民出版社 2009 年版，第 411 页。

主派小资产阶级也跟着资产阶级彻底完成了这种变形”[①]。而离开了这些个别的例外场合，就是不对的了。因此，恩格斯指出，这句话看似响亮，“但从历史的观点来看是错误的”[②]。

第二，完全抛弃了工人运动的国际性原则。恩格斯指出，“德国工人处于欧洲运动的先导地位，主要是由于他们在战争期间采取了真正国际性的态度；任何其他国家的无产阶级都没有能做得这样好”[③]。因而，这一原则本是应该在合并后继续坚持的基本原则，可却被一直极其光荣地坚持这一原则的爱森纳赫派领导人所抛弃，特别是在“各国工人到处都极力强调这个原则的时候”[④]放弃，真是只剩下渺茫的希望了。恩格斯认为，其国际主义的立场，至少不应当比 1869 年爱森纳赫派的纲领后退一步。

第三，让别人把拉萨尔的“铁的工资规律”强加在自己头上。恩格斯认为，并不存在“铁的工资规律”，拉萨尔的“这个规律的基础是一种陈腐不堪的经济学观点”[⑤]，即依据马尔萨斯的人口论，认为工人平均只能得到最低的工资。而事实上，“马克思在《资本论》里已经详细地证明，调节工资的各种规律非常复杂，根据不同的情况，时而这个规律占优势，时而那个

①《马克思恩格斯文集》第 3 卷，人民出版社 2009 年版，第 411 页。
②《马克思恩格斯文集》第 3 卷，人民出版社 2009 年版，第 411 页。
③《马克思恩格斯文集》第 3 卷，人民出版社 2009 年版，第 411 页。
④《马克思恩格斯文集》第 3 卷，人民出版社 2009 年版，第 411 页。
⑤《马克思恩格斯文集》第 3 卷，人民出版社 2009 年版，第 412 页。

规律占优势，所以它们绝对不是铁的，反而是很有弹性的”[①]。因而，“接受拉萨尔的‘铁的规律’也就是承认一个错误的论点和它的错误的论据”[②]。

第四，将拉萨尔的“国家帮助”原封不动地提出来作为唯一的社会的要求。恩格斯认为，如果接受拉萨尔的“国家帮助”要求，那将是我们党最大的忍辱屈从了。因为关于“国家帮助”的要求，不仅“白拉克已经非常出色地指出这个要求毫无用处，并且我们党的即使不是全部，也是几乎全部的发言者在同拉萨尔分子的斗争中都已经被迫起来反对这种‘国家帮助’！我们党不能比这更忍辱屈从了”[③]。恩格斯直接建议将这一要求改写为：“德国工人党力求通过工业和农业中的以及全国范围内的合作生产来消灭雇佣劳动从而消灭阶级差别；它拥护每一项有助于达到这一目的的措施！”[④]

第五，避而不谈通过工会使工人阶级作为阶级组织起来。恩格斯认为“这是非常重要的一点”，因为工会作为无产阶级的真正的阶级组织，将会代表无产阶级同资本进行日常的斗争，并使自己在斗争中得到训练，而且这种组织即使遇到最残酷的反动势力（像在巴黎那样），也绝不会被摧毁。所以，恩格斯明确指出：“在纲领里提到这种组织，并且尽可能在党的组织中给

①《马克思恩格斯文集》第 3 卷，人民出版社 2009 年版，第 412 页。
②《马克思恩格斯文集》第 3 卷，人民出版社 2009 年版，第 413 页。
③《马克思恩格斯文集》第 3 卷，人民出版社 2009 年版，第 413 页。
④《马克思恩格斯文集》第 3 卷，人民出版社 2009 年版，第 413 页。

它一个位置，那是绝对必要的。”[①]

此外，恩格斯还批评了纲领将“自由的人民国家变成了自由国家”[②]、“用‘消除一切社会的和政治的不平等’来代替‘消灭一切阶级差别’”[③]等错误。恩格斯认为，必须抛弃一切关于国家的废话，而应该将“国家”一词改成“共同体”即法文的“公社”。因为，“国家只是在斗争中、在革命中用来对敌人实行暴力镇压的一种暂时的设施”[④]，所以，“当无产阶级还需要国家的时候，它需要国家不是为了自由，而是为了镇压自己的敌人，一到有可能谈自由的时候，国家本身就不再存在了”[⑤]。由此，恩格斯建议用“共同体”概念代替“国家”概念。关于“消除一切不平等”问题，恩格斯认为，生活条件方面的某种不平等，“可以减少到最低程度，但是永远不可能完全消除”[⑥]，片面地提出“消除一切不平等”，“只能引起思想混乱”[⑦]。

总之，恩格斯在给倍倍尔的信中，毫不客气地批评了爱森纳赫派领导人接受拉萨尔机会主义的妥协错误，并旗帜鲜明地表明了自己和马克思对纲领的反对立场，因此是深入领会《哥达纲领批判》的重要文献之一。

①《马克思恩格斯文集》第 3 卷，人民出版社 2009 年版，第 413 页。
②《马克思恩格斯文集》第 3 卷，人民出版社 2009 年版，第 414 页。
③《马克思恩格斯文集》第 3 卷，人民出版社 2009 年版，第 414—415 页。
④《马克思恩格斯文集》第 3 卷，人民出版社 2009 年版，第 414 页。
⑤《马克思恩格斯文集》第 3 卷，人民出版社 2009 年版，第 414 页。
⑥《马克思恩格斯文集》第 3 卷，人民出版社 2009 年版，第 415 页。
⑦《马克思恩格斯文集》第 3 卷，人民出版社 2009 年版，第 415 页。

三、跨越时空的广泛传播

《哥达纲领批判》发表之后，不仅在党内外引起了激烈的争论，而且得到了广泛的传播。各国社会民主党报或民主派的报纸也纷纷转载《哥达纲领批判》，并阐述发表的重大意义，赞同德国社会民主党自我批评的勇气和内在力量。德国社会民主党日报《萨克森工人报》于1891年2月6日、7日、10日和12日连续转载了《哥达纲领批判》，并加了编者按，指出它对德国社会民主党具有特殊的意义。1891年2月6日，维也纳《工人报》的一篇柏林通讯写道，恩格斯在德国发表了一个具有重大理论和实践意义的文件——马克思的《哥达纲领批判》。这篇通讯指出，现在“在纲领中十分明确地、毫不妥协地阐明我们党的理论原则的时候到来了，在此刻公布这个文件也是完全适时的”。1891年2月10日《苏黎世邮报》发表了一篇社论《艰苦的努力》，强调指出：马克思这一著作的发表，表明了德国社会民主党力求以其固有的客观态度和自我批评精神阐明自己的斗争目标，表明了党的威力和战斗力。[①]正如恩格斯所坚持的：党很坚强，能够经受得住自我批评这件事的考验。“人们会怀着应有的自豪心情提到这次力量的检验，并且说：哪里还有另外

①《马克思恩格斯文集》第10卷，人民出版社2009年版，第815页。

一个政党敢于这样做呢？”[①]

敌对的报纸也被这种无情的自我批判激起了“极大惊愕”，《汉堡回声报》和《法兰克福报》等报纸都发表了社论与文章，对德国社会民主党进行了攻击，虽然这种攻击是“很软弱的”[②]。

《哥达纲领批判》的翻译和传播是与国际共产主义运动紧密相连的。十月革命爆发前，俄国马克思主义理论家梁赞诺夫就致力于马克思和恩格斯著作的编辑出版与研究工作。十月革命结束后，苏俄成了马克思主义经典文献的翻译和研究中心。1921年，马克思恩格斯研究院成立，梁赞诺夫任院长。由此，展开了声势浩大的翻译、编纂与出版马克思和恩格斯著作的工作。1933年，苏联出版了“马列主义丛书”，将《哥达纲领批判》收录在其中，还收录了马克思和恩格斯关于哥达纲领的通信、在哥达现存的纲领草案及所做的修改。由列宁的《国家与革命》的部分摘录构成的题为《列宁论〈哥达纲领批判〉》一文，也收录其中。1941年，又将《斯大林论无产阶级专政、社会主义和共产主义，以及国家在社会主义和共产主义制度下的发展道路》一文收录（1955年又被删去）。

中国共产党成立后，高度重视马列经典著作的翻译与研究工作。1922年1月，中国社会主义青年团机关报《先驱》创刊号上刊载了重远（即邓中夏）撰写的《共产主义与无政府主义》

① 《马克思恩格斯文集》第10卷，人民出版社2009年版，第602页。
② 《马克思恩格斯文集》第10卷，人民出版社2009年版，第602页。

一文，该文一共引用了《哥达纲领批判》中的三段话，用以阐明共产主义和无政府主义的区别。这是迄今所见最早的《哥达纲领批判》的中文片段。同年 5 月，北京马克思主义研究会的《今日》月刊第 1 卷第 4 号“马克斯特号”上刊载了《哥达纲领批判》的中文版，译者是熊得山。1923 年，马克思主义研究会将《哥达纲领批判》的中文版单独成册出版。1923 年 4 月，湖南自修大学校刊《新时代》第一卷第一期发表了李达翻译的题为《德国劳动党纲领栏外批评》。后来，又有两种译文先后问世：一是由彭学霈翻译的题为《德意志劳动党纲领批评》，连载于上海《时事新报》副刊《学灯》上；二是上海解放出版社出版的李春蕃（即柯柏年）的译本。这个译本是当时已经出版的几个译本中最为完整的译本，受到了读者的欢迎，1926 年 1 月又重印了第 2 版。延安时期，延安解放出版社出版“马克思恩格斯丛书”10 卷本，其中收录了由何思敬、徐冰合译的《哥达纲领批判》。

中华人民共和国成立后，马克思主义经典著作的翻译和研究便提到了重要的议事日程，先后成立了斯大林全集翻译室和中央俄文编译局。1953 年 1 月 29 日，毛泽东亲自批示将中央俄文编译局和斯大林全集翻译室合并成中共中央马克思恩格斯列宁斯大林著作编译局，有计划地系统翻译出版马克思主义经典作家的全部著作。在随后翻译、编纂并出版的《马克思恩格斯选集》和《马克思恩格斯全集》中，《哥达纲领批判》均被全文收录。

“文化大革命”的爆发，马列经典著作的出版工作也一度中断。1970 年 8 月下旬，毛泽东在党的九届二中全会上强调这几年要特别注意宣传马克思主义，随后建议全党特别是高级干部学习 6 本马列著作，即《共产党宣言》《哥达纲领批判》《法兰西内战》《反杜林论》《唯物主义和经验批判主义》《国家与革命》。在周恩来的亲自领导下，人民出版社出版了中央编译局重新译校的这 6 本书。当然，由于受到极左思潮的影响，20 世纪 70 年代对《哥达纲领批判》的研究是很难做到客观的。研究者往往过多地强调阶级斗争或片面地理解无产阶级专政等，而不是历史地客观地去认识和把握，从而造成的实践偏差也是显而易见的。

改革开放以后，随着思想的不断解放，马列经典著作的翻译和研究工作也空前活跃起来。1995 年出版了《马克思恩格斯选集》第二版，其中收录了《哥达纲领批判》。1997 年出版了《哥达纲领批判》单行本的第三版，该版本流传得最为广泛。因为这个版本收录的相关内容最全面，除了传统的三部分内容外，还收录了恩格斯的 11 封谈论相关内容的信件，并附录了 3 个重要文件：《德国社会民主工党纲领》（1869 年在爱森纳赫通过）、《德国工人党纲领》（1875 年 3 月 7 日发表在《人民国家报》上）、《德国社会主义工人党纲领》（1875 年在哥达通过），这对于全面系统地研究《哥达纲领批判》无疑提供了极大的便利。

进入新的历史时期，马克思主义经典著作的翻译和研究也进入了新的发展阶段，主要体现为研究者不再满足于把俄文版作为翻译的母本，而是将德文版、英文版的马克思和恩格斯的原著作为翻译的母本，力求还原经典作家、还原经典著作的本来面貌的。2009 年出版的《马克思恩格斯文集》（10 卷本）和 2012 年出版的《马克思恩格斯选集》第三版均收录了《哥达纲领批判》，这体现了当前编译工作的高水平，为国内的理论工作者提供了很好的研究文本。

总之，《哥达纲领批判》作为科学社会主义的重要文献，在国际共产主义运动史上得到了广泛的传播，对于各国工人政党的理论武装及社会主义道路的探索产生了巨大而深远的影响。

第三章　原则构想：共产主义社会的发展阶段和重要特征

《哥达纲领批判》虽然是以批注的形式来清算拉萨尔机会主义，在辨析拉萨尔似是而非的观点的同时，也正面阐述了科学社会主义的基本原理。马克思在《哥达纲领批判》的第一章第三节批驳“劳动的解放要求把劳动资料提高为社会的公共财产，要求集体调节总劳动并公平分配劳动所得”[①]的主张时，针对其“公平分配”的要求，马克思首先反问：“什么是‘公平的’分配呢？难道资产者不是断言今天的分配是‘公平的’吗？难道它事实上不是在现今的生产方式基础上唯一‘公平的’分配吗？”[②]之所以提出这样的反问，是因为马克思基于历史唯物主义认为，公平分配是一个历史的概念，不同的社会、不同的发展阶段就会有不同的公平分配，这是由其生产资料所有制决定的，笼统地提出“公平分配”的要求毫无意义。

马克思在辨析“公平分配”之前，“顺便提一句”：应当将“把劳动资料提高为社会的公共财产”中的“提高”换成“变为”。

---

①《马克思恩格斯文集》第 3 卷，人民出版社 2009 年版，第 431 页。

②《马克思恩格斯文集》第 3 卷，人民出版社 2009 年版，第 432 页。

因为“提高”的政治含义是在原有基础上的提升，即在资本主义生产关系范围内通过合法手段等和平道路实现生产资料的共同占有，这也正是拉萨尔的“和平过渡”的机会主义的主张。而 “变为”则意味着将通过革命的手段把地主和资本家私人占有的生产资料变为劳动人民共同占有的公有生产资料，实行剥夺剥夺者，变资本主义私有制为共产主义公有制。这正是马克思主义的革命路线。显然，“提高”和“变为”这两个动词所蕴含的“手段”是截然不同的，前者意味着拉萨尔虚幻的和平手段，而后者则是马克思主义的现实的革命手段。

接着，马克思在明确了“劳动所得”的内涵即“劳动产品”和“集体的劳动所得就是社会总产品”的基础上，阐述了共产主义社会在进行分配前的各项必要扣除，并根据发展程度的不同，将共产主义社会划分为两个不同发展阶段：带着“旧社会痕迹”的第一阶段和“完全超出资产阶级权利的狭隘眼界”的高级阶段，并粗略地描绘了这两个阶段的主要特征及其相应的公平分配原则。

一、共产主义社会的分配也不可能是“不折不扣”的

马克思认为，适应社会化大生产发展的需要，未来取代资本主义社会的是公有制为基础的共产主义社会。共产主义社会因其公有制将克服资本主私有制所无法克服的一切矛盾和弊

端。然而，即使共产主义社会的分配，也将是“有折有扣”的，而不可能是“不折不扣”的。

马克思设想的共产主义社会，其所有制是作为私有制对立物的公有制。这样产生于资本主义私有制的雇佣劳动及其一切不可克服的矛盾和弊端，在共产主义社会都将不复存在。“在一个集体的、以生产资料公有为基础的社会中，生产者并不交换自己的产品；用在产品上的劳动，在这里也不表现为这些产品的价值，不表现为这些产品所具有的某种物的属性，因为这时，同资本主义社会相反，个人的劳动不再经过迂回曲折的道路，而是直接作为总劳动的组成部分存在着。”[①]在这里，马克思阐述了共产主义社会的基本特征，即生产资料为全体社会成员共同占有的公有制；劳动也不再是雇佣劳动了，而是联合起来的个人的自主的协作劳动；没有商品交换；个人劳动也不表现为商品的价值，从而也不表现为商品这种物的属性了；个人劳动更不需要经过商品交换这种迂回曲折的方式实现其劳动的社会性，而直接构成了社会总劳动的组成部分；个人的劳动产品也直接作为社会总产品的构成部分存在着。

马克思认为，即使在共产主义这样美好的社会，“劳动所得”也不能像拉萨尔所鼓吹的是“不折不扣”的，而是“有折有扣”的。因为在社会总产品进入个人消费之前必须进行两个层面共计六项的必要扣除。一个层面是用于生产的三项扣除：

①《马克思恩格斯文集》第 3 卷，人民出版社 2009 年版，第 433—434 页。

“第一，用来补偿消耗掉的生产资料的部分。第二，用来扩大生产的追加部分。第三，用来应付不幸事故、自然灾害等的后备基金或保险基金。”[①]另一个层面是用于管理、公共事业和济贫等三项扣除：“第一，同生产没有直接关系的一般管理费用。同现代社会比起来，这一部分一开始就会显著地缩减，并随着新社会的发展而日益减少。第二，用来满足共同需要的部分，如学校、保健设施等。同现代社会比起来，这一部分一开始就显著地增加，并将随着新社会的发展而日益增长。第三，为丧失劳动能力的人等等设立的基金，总之，就是现在属于所谓官办济贫事业的部分。”[②]

以上的六项扣除，前三项在经济上是必要的：第一项是维持简单再生产所必需的；第二项是扩大再生产所必需的；第三项是应对天灾等不幸事故所必需的。其扣除数量的多少，可根据当时的生产力水平和生产发展的实际需要及概率计算来确定。后三项是政府管理和社会建设所必需的。其中，第一项虽然是同生产没有直接关系，而且随着社会的发展其扣除数量越来越少，但也是一个有序社会所必需的；第二项是为了公共品的提供，不仅必需，而且将日益增多；第三项也是现代社会所不可或缺的。总之，只有在做出了上述必要的扣除之后，“才谈得上在集体中的各个生产者之间进行分配的那部分消费资料”[③]，所以，

①《马克思恩格斯文集》第3卷，人民出版社2009年版，第432页。
②《马克思恩格斯文集》第3卷，人民出版社2009年版，第433页。
③《马克思恩格斯文集》第3卷，人民出版社2009年版，第433页。

马克思反驳道："'不折不扣的劳动所得'已经不知不觉地变成'有折有扣的'了，虽然从一个处于私人地位的生产者身上扣除的一切，又会直接或间接地用来为处于社会成员地位的这个生产者谋利益。"①

二、带着"旧社会的痕迹"的第一阶段

马克思认为，人类社会的发展是一个自然史的过程。共产主义既不是从天上掉下来的，也不是在它自身基础上已经发展了的，而是从资本主义社会脱胎出来的。因此，共产主义社会的最初发展阶段在各方面一定还带有旧社会的种种痕迹。所以，这个发展阶段的公平分配，也只能是相对的公平。马克思指出："我们这里所说的是这样的共产主义社会，它不是在它自身基础上已经发展了的，恰好相反，是刚刚从资本主义社会中产生出来的，因此它在各方面，在经济、道德和精神方面都还带着它脱胎出来的那个旧社会的痕迹。"②这就意味着，在此发展阶段的分配还不可避免地带有旧社会的痕迹，即还无法完全超出资产阶级"等价交换"的平等权利，以实现事实上的真正平等。

在共产主义的第一阶段，由于发展程度还不够高，在经济、

①《马克思恩格斯文集》第 3 卷，人民出版社 2009 年版，第 433 页。
②《马克思恩格斯文集》第 3 卷，人民出版社 2009 年版，第 434 页。

道德和精神等方面都还带着它脱胎出来的那个资本主义社会的痕迹，因此，其消费品的分配只能遵循商品等价交换的原则，实行“按劳分配”。因为在生产资料公有制的条件下，“除了自己的劳动，谁都不能提供其他任何东西，另一方面，除了个人的消费资料，没有任何东西可以转为个人的财产”[①]。而且由于“旧社会痕迹”的存在，劳动还不是人的第一需要，而仅仅是谋生的手段，所以，只有实行按劳分配，才有利于激发劳动者的积极性和创造性。当然，由于受发展程度的限制，社会财富还未丰富到可以支撑“按需分配”。马克思指出：“每一个生产者，在作了各项扣除以后，从社会领回的，正好是他所给予社会的。他所给予社会的，就是他个人的劳动量。”[②]这就是说，社会分配给生产者的正是他提供给社会的劳动量，即按劳分配。至于劳动量的计算，马克思认为可按劳动时间即劳动小时计算，生产者在劳动结束后可得到一张记录他劳动时间多少的证书，他凭着这张证书可从社会领回与其劳动量相当的消费资料。“社会劳动日是由全部个人劳动小时构成的；各个生产者的个人劳动时间就是社会劳动日中他所提供的部分，就是社会劳动日中他的一份。他从社会方面领得一张凭证，证明他提供了多少劳动（扣除他为社会基金而进行的劳动），他根据这张凭证从社会储存中领得一份耗费同等劳动量的消费资料。他以一种形式给予社会

①《马克思恩格斯文集》第 3 卷，人民出版社 2009 年版，第 434 页。
②《马克思恩格斯文集》第 3 卷，人民出版社 2009 年版，第 434 页。

的劳动量，又以另一种形式领回来。”[①]

与资本主义社会的按资分配相比，按劳分配无疑是一个巨大的历史进步。等量劳动获取等量报酬，对所有劳动者都一视同仁，不存在资本的剥削，因为生产资料公有制铲除了剥削赖以存在的所有制基础。但是，按劳分配本身还具有历史的局限性。

马克思认为，按劳分配通行的是商品交换中的等价交换原则，而这种看似平等的权利对不同的人来说会造成事实上的不平等。因此，这种所谓的平等的权利按照原则仍然是资产阶级的法权。马克思指出，按劳分配“虽然有这种进步，但这个平等的权利总还是被限制在一个资产阶级的框框里。生产者的权利是同他们提供的劳动成比例的；平等就在于以同一尺度——劳动——来计量”[②]。也就是说，按劳分配所体现的“平等”，就在于用“劳动”这同一的尺度，计量所有的劳动者，多劳多得，少劳少得，不劳动者不得。如果劳动者的体力、智力和家庭负担都一样的话，那么用同一尺度去衡量同样的劳动者，结果就会是平等的，即不仅衡量的尺度和规则平等，而且导致的结果也是平等的，即事实上的平等。反之，如果劳动者的体力、智力和家庭负担都各不相同的话，那么用同一尺度去衡量完全不一样的劳动者，其结果就将是不平等的，即事实上的不平等。

①《马克思恩格斯文集》第 3 卷，人民出版社 2009 年版，第 434 页。
②《马克思恩格斯文集》第 3 卷，人民出版社 2009 年版，第 435 页。

马克思特别列举了两种情况来说明这种属于资产阶级法权导致的事实上的不平等。第一种情况是劳动者的个人天赋不一样。“一个人在体力或智力上胜过另一个人，因此在同一时间内提供较多的劳动，或者能够劳动较长的时间；而劳动，要当作尺度来用，就必须按照它的时间或强度来确定，不然它就不成其为尺度了。这种平等的权利，对不同等的劳动来说是不平等的权利。”[①]第二种情况是劳动者的家庭负担不同。“一个劳动者已经结婚，另一个则没有；一个劳动者的子女较多，另一个的子女较少，如此等等。因此，在提供的劳动相同，从而由社会消费基金中分得的份额相同的条件下，某一个人事实上所得到的比另一个人多些，也就比另一个人富些，如此等等。要避免所有这些弊病，权利就不应当是平等的，而应当是不平等的。”[②]总之，在上述两种情况下，按劳分配都导致了事实上的不平等。马克思认为，按劳分配的历史进步性在于，“它不承认任何阶级差别，因为每个人都像其他人一样只是劳动者”[③]。而它的局限性，“只在于使用同一的尺度”即劳动的尺度，这样它就不可避免地默认“劳动者不同等的个人天赋，从而不同等的工作能力，是天然特权”[④]；同时，“把他们只当做劳动者；再不把他们看做

①《马克思恩格斯文集》第3卷，人民出版社2009年版，第435页。
②《马克思恩格斯文集》第3卷，人民出版社2009年版，第435页。
③《马克思恩格斯文集》第3卷，人民出版社2009年版，第435页。
④《马克思恩格斯文集》第3卷，人民出版社2009年版，第435页。

别的什么，把其他一切都撇开了”[1]，从而出现了“平等的权利”造成“不平等”的事实之结果。因此，马克思深刻地指出，就按劳分配所体现的“平等权利”的内容来讲，“它像一切权利一样是一种不平等的权利”[2]。

由此可知，在共产主义的第一阶段，因受其社会经济结构的制约，也只能实行按劳分配，还无法超越它所体现的“不平等”权利。“但是这些弊病，在经过长久阵痛刚刚从资本主义社会里产生出来的共产主义社会第一阶段，是不可避免的。”[3]因为，“权利决不能超出社会的经济结构以及由经济结构制约的社会的文化发展”[4]。

总之，在共产主义的第一阶段还不能做到真正的公平和平等，因为还存在因天赋不同和家庭负担不同所带来的贫富差距。但是，人剥削人已经不可能了，因为生产资料已经由私有变为公有了。马克思通过驳斥拉萨尔空谈一般“平等”和“公平分配”等概念，指出了共产主义社会发展进程中的第一阶段只能消灭私人占有生产资料这一“不公平”现象，却不能立即消除按劳分配而造成的事实上的不平等。

当然，马克思设想的是从发达的资本主义社会走向共产主义的第一阶段，而苏联和中国则是在经济文化落后基础上建立

① 《马克思恩格斯文集》第 3 卷，人民出版社 2009 年版，第 435 页。
② 《马克思恩格斯文集》第 3 卷，人民出版社 2009 年版，第 435 页。
③ 《马克思恩格斯文集》第 3 卷，人民出版社 2009 年版，第 435 页。
④ 《马克思恩格斯文集》第 3 卷，人民出版社 2009 年版，第 435 页。

的社会主义国家。因此，为适应落后的生产力发展水平的需要，其所有制和分配制度与马克思的设想都还有相当的距离。就当代中国的生产力状况来说，其所有制结构只能是以公有制为主体的多种所有制成分并存，与之相适应的分配制度也只能是以按劳分配为主的多种分配形式并存。

三、“完全超出资产阶级权利的狭隘眼界”的高级阶段

马克思在分析了共产主义的第一阶段实行按劳分配所体现的平等和不平等之后，描绘了共产主义高级阶段的特征，并指出，只有在共产主义社会的高级阶段，才能完全超越上述资产阶级的法权而实行“按需分配”，以实现真正的、事实上的人人平等。“在共产主义社会高级阶段上，在迫使个人奴隶般地服从分工的情形已经消失，从而脑力劳动和体力劳动的对立也随之消失之后；在劳动已经不仅仅是谋生的手段，而且本身成了生活的第一需要之后；在随着个人的全面发展，他们的生产力也增长起来，而集体财富的一切源泉都充分涌流之后，——只有在那个时候，才能完全超出资产阶级权利的狭隘眼界，社会才能在自己的旗帜上写上：各尽所能，按需分配！”[①]也就是说，只有具备了下列特征的共产主义高级阶段，才有能力实行“按需

①《马克思恩格斯文集》第3卷，人民出版社2009年版，第435—436页。

分配”，即旧的迫使人们像奴隶般的服从的分工已经消失了；城乡、工农和脑体力之间的三大对立也已经不存在了；劳动作为人们实现自我价值的一种生存方式，是第一需要，而不再仅仅是谋生的手段了；个人实现了自由而全面的发展；生产力也高度发达了；创造社会财富的源泉充分涌流了；社会的财富极大丰富了。只有在这时，社会才能胸有成竹地高举起真正公平的大旗：“各尽所能，按需分配！”否则，即使举得再高，喊得再响亮，也终将会由于物质基础不够强和人的思想觉悟不够高而名存实亡。

当然，“按需分配”之需，是人的正常需要，是为了满足人的自由而全面发展的需要，而不是满足人的挥霍需要、骄奢淫逸的需要，甚至是变态的需要。事实上，在人的自由而全面发展起来后，由于人的思想觉悟也达到了相当的高度，已经不再会有奢侈的虚荣了，而是以节俭为荣，以与地球和谐相处为自豪。“社会化的人，联合起来的生产者，将合理地调节他们和自然之间的物质变换，把它置于他们的共同控制之下，而不让它作为一种盲目的力量来统治自己；靠消耗最小的力量，在最无愧于和最适合于他们的人类本性的条件下来进行这种物质变换。”①在马克思看来，在共产主义的高级阶段，生产并不是为了追求更多的财富而不惜挥霍自然资源，而是在最无愧于和最适合于人类本性的条件下进行生产，即消除了对物的崇拜及其

①《马克思恩格斯文集》第 7 卷，人民出版社 2009 年版，第 928—929 页。

各种异化，自觉合理地调节人与自然的和谐关系，从而实现资源节约型、环境友好型的可持续发展的和谐社会。

马克思在详细地论述了“有折有扣”的劳动所得，以及“平等的权利”和“公平的分配”之后说，自己之所以这样不惜笔墨地剖析，“是为了指出这些人犯了多么大的罪”①。其“罪”就是拉萨尔主义者一方面企图把那些曾经有一些意义，而现在已经不适用的陈词滥调重新强加于我们党；另一方面又用民主主义者和法国社会主义者所惯用的那些诸如普选权等关于权利的空洞废话，来歪曲那些现在已在党内扎了根的现实主义观点，这是马克思无法容忍的。

关于马克思对共产主义社会发展阶段的划分问题，学界也有不同的看法。

一种观点认为，马克思对共产主义社会发展阶段的划分不止两个阶段。虽然马克思认为人类社会进入共产主义社会之后，会从实行按劳分配的“第一阶段”发展到实行按需分配的“高级阶段”，但是，在其“第一阶段”和“高级阶段”之间，可能还有若干个发展阶段。因为，从行文上来看，“第一”和“高级”并不是对应的范畴，与“第一阶段”相对应的应该是第二阶段、第三阶段等，而与“高级阶段”相对应的应该是初级阶段、中级阶段等。马克思只是为说明不同的社会发展阶段产生了不同的公平分配制度，而截取了共产主义社会发展进程中“第一”和“高级”这样两个发展阶段，事实上，可能远不止这样两个

①《马克思恩格斯文集》第3卷，人民出版社2009年版，第436页。

阶段。马克思之所以没有具体描述其他发展阶段的特征，一是文章的使命和结构使然。由于是要厘清拉萨尔的所谓的“公平分配”，采用批注式结构，所以，明确地指出分别实行“按劳分配”和“按需分配”的两个发展阶段就足以说明问题了，无须再赘述。二是马克思的实事求是的态度和严谨的学风使然。马克思认为，共产主义是一个不断由第一阶段向更高级的阶段发展、完善的过程，而不是凝固的、一成不变的。因此，对未来社会只能从人类社会发展规律上把握其发展趋势和方向，而不能详细地描述出发展的具体模式和具体阶段。否则，就会陷入空想社会主义窠臼。正如恩格斯所指出的：“所谓‘社会主义社会’不是一种一成不变的东西，而应当和任何其他社会制度一样，把它看成是经常变化和改革的社会。”[①]

需要指出的是，马克思所说的“第一阶段”和“高级阶段”都是指共产主义社会的发展阶段，并没有将所划分的“第一阶段”与社会主义相等同，事实上是列宁将这两者等同起来的。在《国家与革命》一书中，列宁谈到马克思批判拉萨尔的“公平分配”时指出：“当拉萨尔把这样的社会制度（通常叫做社会主义，而马克思称之为共产主义的第一阶段）说成是‘公平的分配’，说成是‘每人有获得同等劳动产品的平等的权利’的时候，他是错误的，于是马克思对他的错误进行了分析。”[②]在这里，列宁直接将社会主义等同于马克思所说的共产主义第一阶

①《马克思恩格斯文集》第 10 卷，人民出版社 2009 年版，第 588 页。
②《列宁选集》第 3 卷，人民出版社 2012 年版，第 194 页。

段。在同一著作的随后一段话里，列宁再一次明确了二者的等同："在共产主义社会的第一阶段（通常称为社会主义），'资产阶级权利'没有完全取消，而只是部分地取消。"[①]可见，列宁认为，社会主义就是共产主义的第一阶段，共产主义第一阶段就是社会主义，两者是完全等同的，只是称呼不同而已。

①《列宁选集》第 3 卷，人民出版社 2012 年版，第 196 页。

第四章 理性思考：“过渡时期”和无产阶级专政

马克思在第四章批判《哥达纲领》提出“国家的自由的基础”的要求时，进一步阐明了马克思主义国家学说。马克思提出，在由资本主义社会到共产主义社会之间，有一个政治上的过渡时期，这个过渡时期的国家只能是无产阶级专政，并由此深刻地阐发了无产阶级专政学说，进而丰富了科学社会主义理论。

一、什么是“自由国家”

针对《哥达纲领》所要力求争取的“自由国家”，马克思反问道，“这是什么东西？”。因为在马克思看来，国家是阶级斗争不可调和的产物，其实质是一个阶级统治另一个阶级的暴力机器。所以，国家作为阶级斗争的工具，只能是统治阶级的自由，是统治阶级压迫另一个阶级的自由，不可能是全体公民的自由。因此，要求德国工人党争取“自由国家”，是在故意抹杀国家的阶级实质，进而掩盖德意志帝国的反动本质，是典型的机会主义路线。

马克思指出，“使国家变成‘自由的’，这决不是已经摆脱了狭隘的臣民见识的工人的目的”[①]。事实上，无论是德意志帝国还是俄国，其“国家”都毫无例外地是统治阶级“自由”地压迫另一个阶级。真正的“自由就在于把国家由一个高踞于社会之上的机关变成完全服从这个社会的机关”[②]。因此，马克思批评了接受这样“要求”的德国工人党“对社会主义思想领会得是多么肤浅”[③]。其肤浅就在于，完全颠倒了经济基础和上层建筑的辩证关系，即不把现存的社会当作现存国家的基础，反而把国家当作一种具有自己的“精神的、道德的、自由的基础”[④]的独立存在物。因而，不顾其生产关系和社会基础的变革，只想着在国家层面上兜圈子以争取所谓的“自由国家”的基础，这完全是不切实际的空想。

马克思还辨析了《哥达纲领》中滥用的“现代社会”“现代国家”等概念，并指出“‘现代国家’是一种虚构”[⑤]。但是，鉴于不同的文明国度中的不同的国家都有一个共同点，即都是建立在现代资产阶级社会的基础上，只是各个国家的资本主义发展程度不同，马克思认为，“在这个意义上可以谈‘现代国家制度’，而未来就不同了，到那时，‘现代国家制度’现在的根基即资产阶级社会已经消亡了。于是就产生了一个问题：在共产

①《马克思恩格斯文集》第 3 卷，人民出版社 2009 年版，第 444 页。
②《马克思恩格斯文集》第 3 卷，人民出版社 2009 年版，第 444 页。
③《马克思恩格斯文集》第 3 卷，人民出版社 2009 年版，第 444 页。
④《马克思恩格斯文集》第 3 卷，人民出版社 2009 年版，第 444 页。
⑤《马克思恩格斯文集》第 3 卷，人民出版社 2009 年版，第 444 页。

主义社会中国家制度会发生怎样的变化呢？换句话说，那时有哪些同现在的国家职能相类似的社会职能保留下来呢？"[①]对于这个问题，马克思特别强调，"只能科学地回答；否则，即使你把'人民'和'国家'这两个名词联接一千次，也丝毫不会对这个问题的解决有所帮助"[②]。

总之，国家作为上层建筑，取决于其经济基础。建立在生产资料私有制基础上的国家，只能是占有生产资料的统治阶级自由地统治和压迫另一个阶级的暴力机器。拉萨尔完全不顾上层建筑和经济基础的辩证关系，在不触动其经济基础的前提下空泛地提出工人党要争取"自由国家"，这显然是将无法实现的海市蜃楼般的虚妄目标强加给工人。而作为工人政党的德国社会民主工党接受了这样的要求，无疑是肤浅的。

二、过渡时期的国家——无产阶级专政

在批判了"肤浅"的"国家的自由的基础"论的基础上，马克思基于历史唯物主义对未来社会的国家制度给予了科学的回答："在资本主义社会和共产主义社会之间，有一个从前者变为后者的革命转变时期。同这个时期相适应的也有一个政治上的过渡时期，这个时期的国家只能是无产阶级的革命专政。"[③]也

①《马克思恩格斯文集》第 3 卷，人民出版社 2009 年版，第 444—445 页。
②《马克思恩格斯文集》第 3 卷，人民出版社 2009 年版，第 445 页。
③《马克思恩格斯文集》第 3 卷，人民出版社 2009 年版，第 445 页。

就是说，无产阶级专政是“过渡时期”的国家形式，即从资本主义向共产主义过渡的“革命转变时期”的国家形式。可见，在资本主义社会之后，还有一个政治上走向共产主义的“过渡时期”。

结合前述关于共产主义第一阶段和高级阶段的划分，马克思对未来社会的展望大致可分为三个发展阶段，即从资本主义向共产主义进行革命转变的过渡时期，共产主义的第一阶段，共产主义的高级阶段。在革命转变时期的国家形式是无产阶级专政，因为对应于革命转变时期的是一个政治上的过渡时期；在共产主义的第一阶段，实行的是按劳分配制度，因为这时的社会还带着它脱胎出来的那个旧社会的痕迹；在共产主义的高级阶段，便可以实行按需分配制度了，因为这时的社会已经完全超出资产阶级权利的狭隘眼界（图 4.1）。

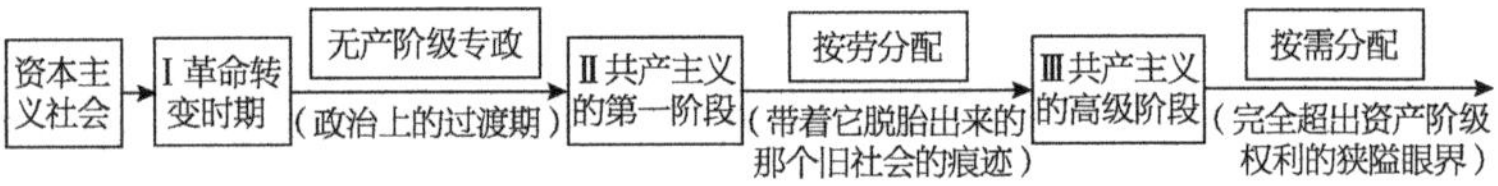

图 4.1　未来社会发展的三个阶段及其相应的国家形式和分配制度

马克思认为，在未来社会的每一个发展阶段，其国家形式或职能也是不同的。在政治上的过渡时期，国家形式只能是无产阶级专政。

1. 无产阶级专政的镇压性及其必然性

马克思认为，在政治上的过渡时期之所以需要无产阶级专政，是因为“在资产阶级社会的这个最后的国家形式里阶级斗争要进行最后的决战”①。这就意味着，实行无产阶级专政的根本原因在于，存在着无产阶级同资产阶级之间的阶级斗争。而无产阶级要取得斗争的胜利，就必须采用无产阶级专政的国家形式，对资产阶级的反抗和颠覆进行有效的镇压。

早在1848年的《共产党宣言》中，马克思和恩格斯就提出了无产阶级专政的思想：“工人革命的第一步就是使无产阶级上升为统治阶级，争得民主。无产阶级将利用自己的政治统治，一步一步地夺取资产阶级的全部资本，把一切生产工具集中在国家即组织成为统治阶级的无产阶级手里，并且尽可能快地增加生产力的总量。”②这里虽然没有明确提到“专政”二字，但上升为统治阶级的无产阶级要想夺取资产阶级的全部资本，并把一切生产工具集中在自己手中，实行的只能是“无产阶级专政”。没有无产阶级专政，资产阶级是不会主动将全部资本拱手相让的。

马克思在研究1848—1850年法兰西阶级斗争时指出，无产阶级“要在资产阶级共和国范围内稍微改善一下自己的处境只是一种空想”③，因此，必须放弃对资产阶级共和国的一切幻想，明确提出了“推翻资产阶级！工人阶级专政！”④法国的革命经验表明，无产阶级只有推翻资产阶级政权，建立自己的阶级专

①《马克思恩格斯文集》第3卷，人民出版社2009年版，第446页。
②《马克思恩格斯文集》第2卷，人民出版社2009年版，第52页。
③《马克思恩格斯文集》第2卷，人民出版社2009年版，第103页。
④《马克思恩格斯文集》第2卷，人民出版社2009年版，第104页。

政，才能完成解放自己和解放全人类的历史使命。因而，科学的社会主义“就是宣布不断革命，就是无产阶级的阶级专政”①。

马克思在 1852 年写给约瑟夫·魏德迈的信中，直接回答了实行无产阶级专政的根本原因及实行专政的时期。“阶级斗争必然导致无产阶级专政；这个专政不过是达到消灭一切阶级和进入无阶级社会的过渡。”②也就是说，无产阶级专政是阶级斗争导致的，而且是必然的；实行无产阶级专政的时期是从资本主义社会向无产阶级社会的过渡时期。

马克思在总结巴黎公社的经验教训时，再一次论述了无产阶级专政是阶级斗争的必然产物。他认为，巴黎公社作为人类历史上首次实行无产阶级专政的政治实践，印证了无产阶级专政在阶级斗争中的必要性和重要性。“公社的真正秘密就在于：它实质上是工人阶级的政府，是生产者阶级同占有者阶级斗争的产物，是终于发现的可以使劳动在经济上获得解放的政治形式。”③这里的生产者阶级即无产阶级，占有者阶级即资产阶级，二者斗争的产物就是作为工人阶级政府的巴黎公社。而且，马克思强调，如果巴黎公社没有实行“无产阶级专政”这个条件，“公社体制就没有存在的可能，就是欺人之谈”④。

总之，只要存在着阶级、阶级对立和阶级斗争，就需要无

①《马克思恩格斯文集》第 2 卷，人民出版社 2009 年版，第 166 页。
②《马克思恩格斯文集》第 10 卷，人民出版社 2009 年版，第 106 页。
③《马克思恩格斯文集》第 3 卷，人民出版社 2009 年版，第 158 页。
④《马克思恩格斯文集》第 3 卷，人民出版社 2009 年版，第 158 页。

产阶级专政。正如马克思所指出的："只要其他阶级特别是资本家阶级还存在，只要无产阶级还在同它们进行斗争（因为在无产阶级掌握政权后无产阶级的敌人和旧的社会组织还没有消失），无产阶级就必须采用暴力措施，也就是政府的措施；如果无产阶级本身还是一个阶级，如果作为阶级斗争和阶级存在的基础的经济条件还没有消失，那么就必须用暴力来消灭或改造这种经济条件，并且必须用暴力来加速这一改造的过程。"[①]

2. 无产阶级专政的管理性、民主性和暂时性

无产阶级专政不等于专制，无产阶级专政除了对极少数人的镇压以外，更多的是对社会进行管理和治理，对广大劳动人民实行最广泛的民主。

第一，无产阶级专政的管理性。以往每说到"专政"，人们常常误解为"专制"。其实，二者根本不是一回事，而且相差甚远。早在古罗马共和国时期的"专政者"，是在国家处于紧急状态下被授予绝对权力的最高行政官员，目的在于有利于高效地救国家于危难之中。其产生程序是由元老院推荐并经平民大会批准，任期限制在 6 个月之内。因此，其"专政"是暂时的，而且是合法、合理、合情的。近代一些国家如法国、意大利和联邦德国的宪法，也都规定了最高行政官员在国家处于紧急状态下的绝对权力，即法定的"专政"。可见，无论是古罗马共和

①《马克思恩格斯文集》第 3 卷，人民出版社 2009 年版，第 403 页。

国的“专政”，还是近代的“专政”，都是在极其特殊情况下实行的，都是为了国家利益而正当行使的，而且都是在一定期限内的，一旦“紧急状态”解除了，“专政”也就随之消失了。

马克思使用“无产阶级专政”一词时，无疑是保留了古罗马共和国时期“专政”的含义，即在资本主义和共产主义之间这样一个特殊的革命转变时期，无产阶级需要“专政”以高效地“救”共产主义于资本主义的威胁之中。同时，马克思所说的“无产阶级专政”也蕴含了“管理”之意。在马克思看来，作为过渡时期的无产阶级专政是无产阶级的统治，是绝大多数人的统治，不像此前的资本主义社会那样，是少数资本家对绝大多数无产者的专制统治。也就是说，“无产阶级的运动是绝大多数人的，为绝大多数人谋利益的独立的运动”[①]。因而，作为绝大多数人对极少数人的统治的无产阶级专政，对于绝大多数人的无产阶级本身来说，其“专政”无疑就是由人民当家作主来管理国家事务、有效治理社会，包括对极少数人专政，以维持社会安定有序，并朝着有利于实现广大人民根本利益的方向健康发展。所以说，专政不等于专制，无产阶级专政就是人民当家作主，管理国家，治理社会，实现包括无产阶级在内的最广大劳动人民的根本利益。

马克思在《1848 年至 1850 年的法兰西阶级斗争》中还把无产阶级社会经济改造的任务概括为：“占有生产资料，使生产

①《马克思恩格斯文集》第 2 卷，人民出版社 2009 年版，第 42 页。

资料受联合起来的工人阶级支配，也就是消灭雇佣劳动、资本及其相互间的关系。"[①]显然，上升为统治阶级的无产阶级，是通过对生产资料的占有、支配和管理，才能使工人得以从资本的奴役中彻底解放出来。

第二，无产阶级专政的民主性。无产阶级专政既然是绝大多数人的统治,其统治形式自然就应该是全体人民当家作主的民主形式。马克思指出，"'民主的'这个词在德语里意思是'人民当权的'"[②]。马克思在批判《哥达纲领》提出的"人民权利"等要求时指出，"这一切美妙的玩意儿都建立在承认所谓人民主权的基础上，所以它们只有在民主共和国内才是适宜的"[③]，而在专制的普鲁士帝国提出这些要求，显然是毫无意义的。"居然向一个以议会形式粉饰门面、混杂着封建残余、同时已经受到资产阶级影响、按官僚制度组成、以警察来保护的军事专制国家，要求只有在民主共和国里才有意义的东西，并且还向这个国家庄严地保证，他们认为能够'用合法手段'从它那里争得这类东西!"[④]马克思认为，"阶级的专政"是手段，实现"阶级的民主"即实现无产阶级的政治解放才是目的。由于在"革命的转变时期"，资产阶级的势力和旧社会的残余还不可小觑，因此，无产阶级要真正实现其民主权力，就必须以自身的阶级专政

①《马克思恩格斯文集》第 2 卷，人民出版社 2009 年版，第 113 页。
②《马克思恩格斯文集》第 3 卷，人民出版社 2009 年版，第 443 页。
③《马克思恩格斯文集》第 3 卷，人民出版社 2009 年版，第 445 页。
④《马克思恩格斯文集》第 3 卷，人民出版社 2009 年版，第 446 页。

作为政治前提。也正是由于无产阶级专政的“手段”性而非目的性，它才具有上述的暂时性，才与国家的消亡紧密联系在一起。

马克思在《1848 年至 1850 年法兰西阶级斗争》中就已经明确指出，这一专政就是“要求改造社会，要把民主共和机构保存起来作为他们运动的工具，团结在作为决定性革命力量的无产阶级周围”[①]。

由于历史的原因，我国的理论工作者曾一度严重忽视《法兰西内战》一文中的“无产阶级专政”概念所包含着的以民主政治为重点的具体内容，而且有意无意地颠倒了其中关于“阶级斗争”和“无产阶级专政”的逻辑关系。不是认为如马克思所说的“阶级斗争必然导致无产阶级专政”[②]，而是相反，认为无产阶级专政是工人阶级借以进行阶级斗争和消灭阶级的武器。这不仅造成了理论上的混乱，在实践上也助推了阶级斗争的扩大化和无产阶级专政下的继续革命。正所谓理论上谬之毫厘，实践上差之千里。

第三，无产阶级专政的暂时性。无产阶级专政作为“过渡时期”的国家形态，是暂时的，其历史使命就是为消灭阶级创造条件。马克思明确指出，无产阶级专政只是在从资本主义社会向共产主义社会进行革命的转变时期的国家形态。这个阶段之所以必要，是因为存在着阶级对立和阶级斗争，如果阶级不

①《马克思恩格斯文集》第 2 卷，人民出版社 2009 年版，第 164 页。
②《马克思恩格斯选集》第 4 卷，人民出版社 1995 年版，第 547 页。

存在了，随之阶级对立和斗争也不存在了，那么，作为无产阶级专政的国家形态也将消亡。而无产阶级专政的历史使命恰恰在于创造消灭阶级和阶级对立的条件。所以，无产阶级专政将"持续到阶级存在的经济基础被消灭的时候为止"[①]。正如马克思在回答米哈伊尔·巴枯宁质疑的"'上升为统治阶级的'无产阶级是什么意思呢？"时所指出的："这就是说，无产阶级不再在一个个场合同经济特权阶级作斗争，它获得的力量和组织使它足以在同这些阶级作斗争时采取普遍的强制手段；但是，它只能运用经济手段来消除它作为雇佣工人的特性，因而消除它作为阶级的特性；随着它获得彻底胜利，它的统治也就结束了，因为它的阶级性质已经消失了"[②]。而"阶级统治一旦消失，目前政治意义上的国家也就不存在了"[③]。

恩格斯在给倍倍尔的信中批驳"自由国家"论时，也明确指出了无产阶级专政的暂时性。"从字面上看，自由国家就是可以自由对待本国公民的国家……既然国家只是在斗争中、在革命中用来对敌人实行暴力镇压的一种暂时的设施，那么，说自由的人民国家，就纯粹是无稽之谈了：当无产阶级还需要国家的时候，它需要国家不是为了自由，而是为了镇压自己的敌人，一到有可能谈自由的时候，国家本身就不再存在了。因此，我们建议

①《马克思恩格斯选集》第 3 卷，人民出版社 1995 年版，第 291 页。
②《马克思恩格斯文集》第 3 卷，人民出版社 2009 年版，第 405 页。
③《马克思恩格斯文集》第 3 卷，人民出版社 2009 年版，第 406 页。

把‘国家’一词全部改成‘共同体’[Gemeinwesen]。”①

此外，马克思在驳斥蒲鲁东的著作《哲学的贫困》和后来的《共产党宣言》都已经直接指出，随着社会主义社会制度的建立，国家就会自行解体和消失。

总之，无产阶级专政是阶级斗争的必然产物。作为从资本主义社会向社会主义社会转变的过渡时期的国家形式，它有着丰富的内涵。既具有对少数被统治者的压迫性，也具有对绝大多数人的民主性，更具有对整个社会的管理性。而且，从历史的视角看，无产阶级专政也具有暂时性，即随着阶级和阶级斗争的消亡而消亡。

三、未来社会的“三个阶段”并非所有国家唯一的发展路径

马克思基于历史唯物主义，结合当时欧洲主要发达国家资本主义的发展进程，将未来社会划分为三个发展阶段：过渡时期、共产主义的第一阶段、共产主义的高级阶段。但这并不意味着，无论是东方国家还是西方国家，其发展历程都要经过这三个阶段，即“三个阶段”并非所有国家发展的唯一路径。东方国家当时还未进入资本主义社会，马克思并不否认这些国家在具备充要条件下直接进入社会主义社会的可能性，而且马克思

①《马克思恩格斯文集》第3卷，人民出版社2009年版，第414页。

还深入探讨了这些国家跨过资本主义制度的“卡夫丁峡谷”而直接进入社会主义的方式和路径。

马克思在《给〈祖国纪事〉杂志编辑部的信》和《给维·伊·查苏利奇的复信》中指出，他关于西欧社会发展的特殊规律的论述不是普适的。他明确阐述了其理论的适用界限，是“把这一运动的‘历史必然性’限制在西欧各国的范围内”[①]的，并告诫俄国学者们，不要把他“关于西欧资本主义起源的历史概述彻底变成一般发展道路的历史哲学理论，一切民族，不管它们所处的历史环境如何，都注定要走这条道路”[②]。事实上，苏联和中国就走了一条跨越资本主义制度“卡夫丁峡谷”的独特道路。

马克思关于人类社会五大形态的历史演进的划分，也并非适用于一切国家的。在《德意志意识形态》中，马克思在论证“分工的各个不同发展的阶段，同时也就是所有制的各种不同形式”这一命题时，指出了西欧社会发展所经历的三种所有制形式：“第一种所有制形式是部落[Stamm]所有制”，“第二种所有制形式是古典古代的公社所有制和国家所有制”，“第三种形式是封建的或等级的所有制”[③]。前两种所有制形式分别对应的是原始社会和奴隶社会。马克思并没有指出这三种所有制形式是人类社会发展的一般规律。在《〈政治经济学批判〉序言》中，

①《马克思恩格斯文集》第 3 卷，人民出版社 2009 年版，第 570 页。
②《马克思恩格斯文集》第 3 卷，人民出版社 2009 年版，第 466 页。
③《马克思恩格斯文集》第 1 卷，人民出版社 2009 年版，第 521—522 页。

马克思指出了社会形态演进的四个时代:“大体说来,亚细亚的、古希腊罗马的、封建的和现代资产阶级的生产方式可以看做是经济的社会形态演进的几个时代。”[1]这里的前两个时代分别对应的是原始社会和奴隶社会。加上在《哥达纲领批判》中对未来共产主义社会的构想，马克思先后论述了人类社会发展的五种形态：原始社会、奴隶社会、封建社会、资本主义社会和共产主义社会。这五种形态无疑是西欧社会发展的一般规律，因为,“古希腊罗马的”和“现代资产阶级的”这两种生产方式显然是西欧特有的生产方式。而“亚细亚的生产方式”即原始公社所有制也并非特指东方国家的生产方式，而是泛指人类社会最初的生产方式，正如马克思在讲到一切文明民族的历史初期都有过“共同的劳动”的原始形式时所提到的:“近来流传着一种可笑的偏见，认为原始的公有制的形式是斯拉夫人特有的形式，甚至只是俄罗斯的形式。这种原始形式我们在罗马人、日耳曼人、凯尔特人那里都可以见到，直到现在我们还能在印度人那里遇到这种形式的一整套图样，虽然其中一部分只留下残迹了。仔细研究一下亚细亚的、尤其是印度的公有制形式，就会证明，从原始的公有制的不同形式中，怎样产生出它的解体的各种形式。例如，罗马和日耳曼的私有制的各种原型，就可以从印度的公有制的各种形式中推出来。”[2]在此，马克思是想

①《马克思恩格斯文集》第 2 卷，人民出版社 2009 年版，第 592 页。
②《马克思恩格斯文集》第 5 卷，人民出版社 2009 年版，第 95 页。

说明，在人类历史的初期都有一个原始的公有制的形式，因而都存在着共同的劳动。由此我们可以发现，马克思上述语境下的"亚细亚的生产方式"不是特指东方国家的生产方式，也包括西欧最初的生产方式。

当然，马克思从人的独立性视角对人类社会发展阶段的划分，是适用于东西方社会一切国家的发展的一般规律。在《1857—1858 年经济学手稿》中，马克思提出了分别以人的依赖性、物的依赖性和人的自由个性为根本特征的三形态说。"人的依赖关系（起初完全是自然发生的），是最初的社会形式，在这种形式下，人的生产能力只是在狭小的范围内和孤立的地点上发展着。以物的依赖性为基础的人的独立性，是第二大形式，在这种形式下，才形成普遍的社会物质变换、全面的关系、多方面的需要以及全面的能力的体系。建立在个人全面发展和他们共同的、社会的生产能力成为从属于他们的社会财富这一基础上的自由个性，是第三个阶段。第二个阶段为第三个阶段创造条件。"①也就是说，随着生产力从低级向高级的不断发展，各民族的社会形态都要相应地依次摆脱"人的依赖关系""物的依赖性"，最终进入个人全面发展的"自由个性"阶段。这是生产力和生产关系矛盾运动的必然结果，是人类社会发展的一般规律，是人类不断解放的历史过程。

然而，各民族实现人类不断解放的具体道路和模式则不尽

①《马克思恩格斯文集》第 8 卷，人民出版社 2009 年版，第 52 页。

相同。例如，俄国由于其“农村公社”在全国范围内被广泛地保存下来了，因此，“它目前处在这样的历史环境中：它和资本主义生产的同时存在为它提供了集体劳动的一切条件。它有可能不通过资本主义制度的卡夫丁峡谷，而占有资本主义制度所创造的一切积极的成果”[1]。可见，俄国因跨越资本主义制度的“卡夫丁峡谷”而建立的社会主义与《哥达纲领批判》中构想的共产主义第一阶段，不是一回事。两者处于不同的发展阶段上：前者是与资本主义社会同时并存，且有待于“占有资本主义制度所创造的一切积极成果”的社会主义；后者则是建立在资本主义制度的一切肯定成果基础上的社会主义，是经资本主义充分发展而后从资本主义脱胎而来的社会主义。因而，人类社会在遵循一般规律前提下的具体道路可以是多种多样的。

总之，马克思科学地揭示了人类社会经济形态的发展、演化、更迭的一般规律，但他从来不认为存在着适用于一切社会的单一、固定的直线发展模式。如果认为马克思提供了一个通往未来社会的唯一的发展路径，这既不符合马克思主义实事求是的思想精髓，也不符合社会丰富多样的发展现实。正如马克思自己所说的，这样理解“会给我过多的荣誉，同时也会给我过多的侮辱”[2]。因为各个不同的民族所处的历史环境不同，是不可能注定都要走同一条道路的。大千世界，没有一把万能的钥匙。

①《马克思恩格斯文集》第 3 卷，人民出版社 2009 年版，第 578 页。
②《马克思恩格斯文集》第 3 卷，人民出版社 2009 年版，第 466 页。

第五章　辩证论述：分配方式与生产方式

《哥达纲领》的制定者们不懂分配方式与生产方式的辩证关系，只是在分配领域兜圈子，一味地强调所谓的“公平分配”。似乎只要争取分配公平了，工人的目的就达到了。对此，马克思指出，“在所谓分配问题上大做文章并把重点放在它上面，那也是根本错误的”[①]。事实上，分配是由生产决定的，如果回避生产这个根本，而只在分配层面下功夫，不仅是徒劳的，还会危害工人运动的前途和命运。

一、消费资料的分配“是生产条件本身分配的结果”

在资本主义社会的现实生活中，人们切身感受到的最大的不公，就是分配上的不平等。因此，无论是空想社会主义者还是资产阶级经济学家，都将反对资本主义的矛头直指其“分配不公”问题上。拉萨尔派也极力推崇“分配决定论”，把分配当

①《马克思恩格斯文集》第 3 卷，人民出版社 2009 年版，第 436 页。

作根本问题，试图通过改变分配方式实现理想社会的“平等权利”，因此在《哥达纲领》中提出“要求集体调节总劳动并公平分配劳动所得”的主张。这实际上是空想社会主义思想的翻版或是资产阶级经济学家的一些陈词滥调，是典型的唯心主义和机会主义。对此，马克思进行了严肃的批判。“消费资料的任何一种分配，都不过是生产条件本身分配的结果；而生产条件的分配，则表现生产方式本身的性质。”[①]也就是说，生产条件的分配决定生产结果的分配，而生产条件的分配，则表现生产方式的性质。有什么样的生产方式就有什么样的分配方式，前者决定后者。而拉萨尔主义者“把分配看成并解释成一种不依赖于生产方式的东西，从而把社会主义描写为主要是围绕着分配兜圈子”[②]，简直是在“开倒车”！

首先，生产条件的分配先于产品的分配。马克思认为，在社会生产的四个环节中，生产环节是起决定性作用的，决定着交换、分配和消费这三个环节；而后三个环节也反作用于生产环节。单就分配而言，它包括两个层面：一是生产条件的分配，二是产品的分配。生产条件的分配又包含生产工具等生产资料的分配和社会成员在各类生产之间的分配。“这种分配包含在生产过程本身中并且决定生产的结构。”[③]而产品的分配则处于生

①《马克思恩格斯文集》第 3 卷，人民出版社 2009 年版，第 436 页。
②《马克思恩格斯文集》第 3 卷，人民出版社 2009 年版，第 436 页。
③《马克思恩格斯文集》第 8 卷，人民出版社 2009 年版，第 20 页。

产环节之后，“就对象说，能分配的只是生产的成果”[①]。

其次，生产条件的分配决定产品的分配。生产条件的分配不仅先于产品的分配，而且决定着产品分配，即有什么样的生产条件的分配，就有什么样的分配方式。资本主义社会生产条件的分配，是资本家占有生产资料，雇佣工人进行生产，而工人除了劳动力以外别无所有，只能受雇于资本家，因此，其分配只能是按资分配，也就是资本家凭借生产资料的占有，无偿占有由雇佣工人创造的剩余价值；而工人则只能靠出卖劳动力得到劳动力的价值或价格即工资来维持生存。所以，产品分配“就形式说，参与生产的一定方式决定分配的特殊形式”[②]。也就是说，生产的劳动力和生产资料以何种形式结合起来，从而人们在生产中处于何种地位，就决定了何种分配形式。正如马克思所指出的：“生产的物质条件以资本和地产的形式掌握在非劳动者手中，而人民大众所有的只是生产的人身条件，即劳动力。既然生产的要素是这样分配的，那么自然就产生现在这样的消费资料的分配。如果生产的物质条件是劳动者自己的集体财产，那么同样要产生一种和现在不同的消费资料的分配。”[③]可见，资本家占有生产资料的资本主义社会只能实行按资分配，而广大劳动者共同占有生产资料的未来社会则不能实行按资分配，而只能实行按劳分配或按需分配。

---

①《马克思恩格斯文集》第 8 卷，人民出版社 2009 年版，第 19 页。
②《马克思恩格斯文集》第 8 卷，人民出版社 2009 年版，第 19 页。
③《马克思恩格斯文集》第 3 卷，人民出版社 2009 年版，第 436 页。

二、“分配决定论”的实质是维护资本主义私有制

由于阶级的局限，资产阶级学者都在分配层面绕来绕去。如上所述，一定的社会生产方式决定一定的分配方式，资本主义的生产方式决定了其分配方式。但资产阶级学者则认为，分配方式是由生产要素决定的。他们通常都在分配上谈地租、工资、利息和利润；在生产上谈土地、劳动、资本。这后三项已被他们提出两次：一次是作为生产要素或条件提出来的；另一次又作为收入的源泉、作为决定一定的分配形式的要素提出来的。这样便造成了一个假象：土地带来地租，劳动带来工资，资本带来利息和利润，即萨伊的“三位一体”公式。这个公式的错误在于，把生产要素看成价值的源泉，混淆了使用价值和价值，从而掩盖资本主义生产方式的剥削本质。事实上，生产要素是使用价值的源泉，而不都是价值的源泉，只有劳动才是价值的唯一源泉。而且，利息和利润作为分配形式，是在资本主义生产方式下出现的，“是以资本作为生产要素为前提的”[①]。同样，“个人以雇佣劳动的形式参与生产，就以工资形式参与产品、生产成果的分配”[②]。资本主义的地租，也是以资本主义

①《马克思恩格斯文集》第 8 卷，人民出版社 2009 年版，第 19 页。
②《马克思恩格斯文集》第 8 卷，人民出版社 2009 年版，第 19 页。

的土地占有制为前提的。所以说，资本主义的私有制，才是产生剥削和分配不公的根源。在“三位一体”公式中，由于混淆了创造价值和创造使用价值的各自源泉，混淆了价值创造和价值分配的关系，于是，“资本主义生产方式的神秘化，社会关系的物化，物质的生产关系和它们的历史社会规定性的直接融合已经完成：这是一个着了魔的、颠倒的、倒立着的世界”①。

拉萨尔派“分配决定论”的实质是维护资本主义私有制。与资产阶级学者的上述分配论类似，拉萨尔也对造成分配不公的根源即资本主义私有制避而不谈，只专注于分配。在他看来，资本主义基本经济制度是优越的，美中不足的是分配上的两极分化。工人只要争取到了分配上的公平，就实现了自身的解放，无产阶级也就达到了最终目的。事实上，这种分配上的主张，在资本主义条件下显然是一种不切实际的幻想，其实质是维护资本主义私有制，即在不触动资本主义私有制的前提下，争取分配上的公平。事实上，这种主张的后果，只会将工人运动引向抛弃无产阶级历史使命的歧途。正如马克思所批判的：“这些人犯了多么大的罪，他们一方面企图把那些在某个时期曾经有一些意义，而现在已变成陈词滥调的见解作为教条重新强加于我们党，另一方面又用民主主义者和法国社会主义者所惯用的、凭空想像的关于权利等等的废话，来歪曲那些花费了很大力量

①《马克思恩格斯文集》第 7 卷，人民出版社 2009 年版，第 940 页。

才灌输给党而现在已在党内扎了根的现实主义观点。”[①]这里的“现实主义观点”，即工人要想改变资本主义不合理的分配，改变自已被剥削、被压迫的地位，就不能只在分配上做文章，而是必须彻底改变资本主义私有制，而改变的途径就是推翻资本主义制度，建立社会主义公有制。

三、劳动只有在具备了生产资料的前提下才是财富的源泉

拉萨尔派回避资本主义生产资料私有制，不顾劳动的物质前提条件，在《哥达纲领》的第一条就提出“劳动是一切财富和一切文化的源泉，而因为有益的劳动只有在社会中才是可能的，所以劳动所得应当不折不扣和按照平等的权利属于一切社会成员”。对此，马克思指出，劳动不是一切财富的源泉。因为要生产使用价值即财富，除了劳动，还需要劳动对象和劳动资料等物质条件。而这些物质条件只有资本家才拥有，而工人如果不被资本家雇佣，连劳动都无法得以进行。因此，劳动要成为财富的源泉是有前提条件的，如果离开其前提条件，便谈不上劳动，更谈不上按平等的权利分配劳动所得了。

自然界同劳动一样也是使用价值的源泉。“正像威廉·配

① 《马克思恩格斯文集》第 3 卷，人民出版社 2009 年版，第 436 页。

第所说，劳动是财富之父，土地是财富之母”[①]一样，马克思认为，财富的源泉包括自然要素和人的因素两个方面，即自然界为劳动提供材料，而人的劳动把材料变成财富。“衣、麻布等等使用价值，简言之，种种商品体，是自然物质和劳动这两种要素的结合。如果把上衣、麻布等等包含的各种不同的有用劳动的总和除外，总还剩有一种不借人力而天然存在的物质基质。”[②]因此，“劳动不是一切财富的源泉。自然界同劳动一样也是使用价值（而物质财富就是由使用价值构成的！）的源泉，劳动本身不过是一种自然力即人的劳动力的表现”[③]。也就是说，劳动与自然界一起才是一切财富的源泉。把劳动说成是一切财富的源泉，是混淆了商品价值的源泉和商品使用价值的源泉。商品价值的唯一源泉，是无差别的人类劳动，而使用价值即财富的源泉则是具体劳动和自然物质。

劳动只有在“具备相应的对象和资料的前提下”[④]才会成为财富的源泉。正如“巧妇难为无米之炊”一样，劳动者需要借助劳动资料加工劳动对象以生产财富。马克思在分析劳动过程时指出：“在劳动过程中，人的活动借助劳动资料使劳动对象发生预定的变化。过程消失在产品中。它的产品是使用价值，是经过形式变化而适合人的需要的自然物质。劳动与劳动对象

①《马克思恩格斯文集》第 5 卷，人民出版社 2009 年版，第 56—57 页。
②《马克思恩格斯文集》第 5 卷，人民出版社 2009 年版，第 56 页。
③《马克思恩格斯文集》第 3 卷，人民出版社 2009 年版，第 428 页。
④《马克思恩格斯文集》第 3 卷，人民出版社 2009 年版，第 428 页。

结合在一起。劳动对象化了，而对象被加工了。”[①]也就是说，要使“劳动是一切财富的源泉”这个命题成立，劳动者首先需要拥有劳动资料和劳动对象即拥有生产资料这个前提条件，否则，就是毫无意义的空谈。因此，说“劳动是一切财富的源泉”，只有在“劳动具备相应的对象和资料的前提下”是正确的。可是，《哥达纲领》作为一个社会主义工人政党的纲领却容许这种资产阶级的说法，回避劳动的物质条件，即回避“那些唯一使这种说法具有意义的条件”。马克思深刻地指出：“只有一个人一开始就以所有者的身份来对待自然界这个一切劳动资料和劳动对象的第一源泉，把自然界当做属于他的东西来处置，他的劳动才成为使用价值的源泉，因而也成为财富的源泉。”[②]也就是说，生产资料是财富的第一源泉，劳动是财富的第二源泉。

劳动并没有超自然的创造力。马克思认为，劳动必须依赖于自然，并受自然的限制。而资产者不顾自然条件的限制，把劳动说成是一切财富的源泉，无疑是“硬给劳动加上一种超自然的创造力”[③]，似乎劳动不需借助生产资料就可以创造财富。事实上，根本不存在这种超自然的创造力，而且恰恰是由于受自然资源的限制而迫使劳动者成了奴隶，甚至无法生存。马克思一针见血地指出，“正是由于劳动的自然制约性产生出如下的情况：一个除自己的劳动力以外没有任何其他财产的人，在任

①《马克思恩格斯文集》第 5 卷，人民出版社 2009 年版，第 211 页。
②《马克思恩格斯文集》第 3 卷，人民出版社 2009 年版，第 428 页。
③《马克思恩格斯文集》第 3 卷，人民出版社 2009 年版，第 428 页。

何社会的和文化的状态中，都不得不为另一些已经成了劳动的物质条件的所有者的人做奴隶。他只有得到他们的允许才能劳动，因而只有得到他们的允许才能生存”①。这就是说，不掌握生产资料的人，只能给掌握生产资料的人做奴隶，只有后者允许才能劳动，进而才能得以生存。否则，就无法劳动、无法生存。

总之，劳动不是一切财富的唯一源泉。劳动作为劳动力的使用，“首先是人和自然之间的过程，是人以自身的活动来中介、调整和控制人和自然之间的物质变换的过程”②。而且，人在生产劳动中也只能像自然本身那样发挥作用，即只能改变物质的形式。不仅如此，“他在这种改变形态的劳动本身中还要经常依靠自然力的帮助”③。因此，劳动创造的财富的源泉有两个：一是自然物质，二是劳动。只有在具备了生产资料这个前提条件下，说“劳动是一切财富的源泉”才是有意义的。否则，就是强加给劳动一种根本不存在的、超自然的创造力。

四、“不应当泛泛地空谈‘劳动’和‘社会’”及其分配

创造社会财富的劳动是社会劳动。马克思认为，人是社会

①《马克思恩格斯文集》第 3 卷，人民出版社 2009 年版，第 428 页。
②《马克思恩格斯文集》第 5 卷，人民出版社 2009 年版，第 207—208 页。
③《马克思恩格斯文集》第 5 卷，人民出版社 2009 年版，第 56 页。

的人，人的本质就是其社会性。因此，人的劳动作为创造社会财富的源泉之一，也具有社会性，或者说是社会劳动。“因为孤立的劳动（假定它的物质条件是具备的）即使能创造使用价值，也既不能创造财富，又不能创造文化。”[①]也就是说，劳动只有在社会中和通过社会，才能成为财富和文化的源泉。也正是在此意义上，“劳动”和“社会”是内在地紧密联系在一起的。但是，劳动的社会性和社会一切成员公平分配劳动所创造的社会财富是两回事。

劳动的社会性并不意味着“劳动所得”平等地“属于社会一切成员”。《哥达纲领》不顾生产资料私有制的决定作用，在提出“劳动所得”应当平等地“属于一切社会成员”的要求时，给出的理由却是劳动的社会性，即“而因为有益的劳动只有在社会里和通过社会才是可能的，所以劳动所得应当不折不扣和按照平等的权利属于社会一切成员”。对此，马克思进行了无情的批判。马克思认为，《哥达纲领》在提出 “劳动是一切财富和一切文化的源泉”这一观点后，本应接着由此得出这样的结论：任何社会都离不开劳动。如果一个人不劳动，他就是靠别人的劳动生活，并靠别人的劳动获得自己的文化，并由此揭露出资本家对工人的剥削。可《哥达纲领》并没有这样做，“反而借助于‘而因为’这样的字眼硬接上第二句话，以便从第二句，而不是从第一句作出结论来”。这样看来，似乎是“任何‘有益

①《马克思恩格斯文集》第 3 卷，人民出版社 2009 年版，第 430 页。

的’劳动都不能离开社会”[①]。那么，由此推论也可以这样说："只有在社会中，无益的、甚至有损公益的劳动才能成为一个行业，只有在社会中才能游手好闲过日子，如此等等。"[②]可这除了是对卢梭著作的抄袭，又有什么意义呢？而正是基于这样毫无意义的理由，却得出了“多妙的结论”："既然有益的劳动只有在社会中和通过社会才是可能的，劳动所得就应当属于社会，其中只有不必用来维持劳动‘条件’即维持社会的那一部分，才归各个劳动者所得。"[③]其实，劳动所得除此之外，不仅要满足政府及依附于它的各个方面的要求，还要满足各类私有者的要求等。因此，马克思气愤地说道："你们看，这些空洞的词句是随便怎么摆弄都可以的。"[④]

可事实上，创造社会财富的劳动者却越来越贫穷。马克思总结了人类社会发展的历史，发现了一个“无可争辩”的事实，即“随着劳动的社会性的发展，以及由此而来的劳动之成为财富和文化的源泉，劳动者方面的贫穷和愚昧、非劳动者方面的财富和文化也发展起来”[⑤]。特别是在资本主义私有制条件下，其生产目的是获取剩余价值。因而，生产具有无限扩大的趋势。随着生产的扩大和技术的进步，资本有机构成在不断提高，从

①《马克思恩格斯文集》第 3 卷，人民出版社 2009 年版，第 429 页。
②《马克思恩格斯文集》第 3 卷，人民出版社 2009 年版，第 429 页。
③《马克思恩格斯文集》第 3 卷，人民出版社 2009 年版，第 429 页。
④《马克思恩格斯文集》第 3 卷，人民出版社 2009 年版，第 430 页。
⑤《马克思恩格斯文集》第 3 卷，人民出版社 2009 年版，第 430 页。

而造成相对过剩人口即产业后备军，由此，又进一步使得工人就业和工资提高变得极为困难，进而导致占有生产资料者和不占有生产资料者之间的两极分化。正如马克思在《资本论》中所阐述的："社会财富即执行职能的资本越大，它的增长的规模和能力越大，从而无产阶级的绝对数量和他们的劳动生产力越大，产业后备军也就越大。……工人阶级中贫苦阶层和产业后备军越大，官方认为需要救济的贫民也就越多。这就是资本主义积累的绝对的、一般的规律。"①

因此，马克思认为，摆弄"空洞的词句"、泛泛地谈论"劳动"和"社会"是无济于事的，而是"应当在这里清楚地证明，在现今的资本主义社会中怎样最终创造了物质的和其他的条件，使工人能够并且不得不铲除这个历史祸害"②。也就是说，在资本主义社会，随着资本的集中和生产的社会化，已经在不断地突破资本主义私有制的限制；同时，随着奴役和剥削的程度不断加深，日益壮大的且组织起来的工人阶级的反抗情绪也不断高涨。因此，正是资本主义生产自然过程的必然性，造成了对自身的否定。正如马克思在阐释资本积累的历史趋势时所指出的："生产资料的集中和劳动的社会化，达到了同它们的资本主义外壳不能相容的地步。这个外壳就要炸毁了。资本主义私有制的丧钟就要响了。剥夺者就要被剥夺了。"③

①《马克思恩格斯文集》第 5 卷，人民出版社 2009 年版，第 742 页。
②《马克思恩格斯文集》第 3 卷，人民出版社 2009 年版，第 430 页。
③《马克思恩格斯文集》第 5 卷，人民出版社 2009 年版，第 874 页。

第六章　客观把握：实现社会主义的途径和无产阶级的策略

拉萨尔站在资产阶级的立场上，试图在不触动资本主义基本经济制度的基础上，依靠国家帮助建立合作社，从而走向社会主义。同时，他也不懂得无产阶级的斗争策略和国际主义原则，因此，对内不能联合中间阶层以组成革命的统一战线，对外不能联合各国无产阶级以相互促进其工人运动，结果是不仅不能走向社会主义，反而会误入歧途。

一、“依靠国家帮助建立合作社”不能实现社会主义

《哥达纲领》在提出废除“铁的工资规律”之后，又进一步提出了“救世良方”：希望依靠国家的帮助，通过建立生产合作社来实现社会主义。显然，面对德意志帝国提出这样的主张，无疑是浪漫的机会主义者的幼稚幻想。马克思气愤地指出，“这真不愧为拉萨尔的幻想：靠国家贷款能够建设一个新社会，就像能

够建设一条新铁路一样!”[①]事情的确远不止像建设一条铁路那样简单,在当时德意志帝国的封建军事专制的条件下,无产阶级如果放弃了阶级斗争,那么一切美好的愿景都只能是一厢情愿。

“救世良方”的实质是放弃“现存的阶级斗争”和无产阶级革命。马克思认为,“阶级的存在仅仅同生产发展的一定历史阶段相联系”[②],阶级斗争则是生产力和生产关系的矛盾运动的最终与最激烈的表现形式。“社会的物质生产力发展到一定阶段,便同它们一直在其中运动的现存生产关系或财产关系(这只是生产关系的法律用语)发生矛盾。于是这些关系便由生产力的发展形式变成生产力的桎梏。那时社会革命的时代就到来了。”[③]这里能够推动“社会革命”的无疑是代表前进方向的先进阶级了。在马克思所处的时代,资本主义社会的生产力和生产关系之间的矛盾即生产的社会化和生产资料私有制之间的矛盾已经相当尖锐了,而阶级斗争作为无产阶级反抗资产阶级剥削和压迫的最有力的手段,也达到了相对激烈的程度。也就是说,先进的无产阶级要摆脱被剥削和被奴役的地位,就只有团结起来,在自己政党的领导下,通过无产阶级革命,推翻旧的国家制度,建立无产阶级专政。而且,1848 年的欧洲大革命和 1871 年的巴黎公社,都从正反两方面证实了无产阶级实现真正解放的革命道路。而《哥达纲领》的制定者却不顾历史和现

①《马克思恩格斯文集》第 3 卷,人民出版社 2009 年版,第 442 页。
②《马克思恩格斯文集》第 10 卷,人民出版社 2009 年版,第 106 页。
③《马克思恩格斯文集》第 2 卷,人民出版社 2009 年版,第 591—592 页。

实，认为资本主义社会问题的解决与社会主义社会的实现，完全可以抛开阶级斗争和无产阶级革命，而是通过资产阶级国家的帮助来建立生产合作社的途径就可以达到。这显然是忽略了“国家是统治阶级的工具”这一实质，抹杀了德意志国家作为维护容克地主和资产阶级的统治而镇压无产阶级与广大劳动人民的基本职能。所以，马克思反讽地说道：“‘道路’确实‘开辟’得不错！现存的阶级斗争被换上了拙劣的报刊作家的空话——要‘开辟道路’来‘解决’的‘社会问题’。‘总劳动的社会主义组织’不是从社会的革命转变过程中，而是从国家给予生产合作社的‘国家帮助’中‘产生’的，并且这些生产合作社是由国家而不是由工人‘建立’的。”①

同时，建立生产合作社有积极意义。特别是工人自己建立的合作工厂，作为对“资本”和“劳动”这二者对立的积极扬弃，可以看作是通向社会主义的过渡点。资本主义社会中工人建立的一些消费和信贷合作社，减少了中间盘剥环节，对改善工人的生活质量，确实具有积极意义。尤其是工人自己建立的合作工厂，马克思给予了充分的肯定，认为是对资本主义社会中劳资对立的积极扬弃。马克思指出：“工人自己的合作工厂，是在旧形式内对旧形式打开的第一个缺口”，尽管在合作工厂中还存在着现有制度的一切缺点，但“资本和劳动之间的对立在这种工厂内已经被扬弃，虽然起初只是在下述形式上被扬弃，

①《马克思恩格斯文集》第 3 卷，人民出版社 2009 年版，第 442 页。

即工人作为联合体是他们自己的资本家，也就是说，他们利用生产资料来使他们自己的劳动增殖。”[①]当然，在马克思看来，股份公司作为适应社会化大生产发展需要的产物，是对私人资本的扬弃。股份公司和合作工厂都是以信用制度为基础的，两者都“应当被看做是由资本主义生产方式转化为联合的生产方式的过渡形式，只不过在前者那里，对立是消极地扬弃的，而在后者那里，对立是积极地扬弃的”[②]。这里的“联合的生产方式”就是未来社会的生产方式，即作为自由人联合体的生产方式。股份公司和合作工厂分别作为对“资本和劳动对立”的“消极扬弃”与“积极扬弃”，都是从资本主义生产方式向共产主义生产方式转化的过渡形式。但这里需要强调的是，其生产合作社必须是工人自己建立的，而不是依靠国家贷款帮助建立的，因为两者建立的目的是截然不同的。因此，马克思质疑《哥达纲领》所要建立的生产合作社，竟然“是由国家而不是由工人‘建立起来’的”，并进一步指出工人为改变现存的生产条件而建立的生产合作社与依靠国家帮助建立的合作社完全是两回事。“如果说工人们想要在社会的范围内，首先是在本国的范围内创造合作生产的条件，这只是表明，他们力争变革现存的生产条件，而这同靠国家帮助建立合作社毫无共同之处！至于现有的合作社，它们只是在工人自己独立创办，既不受政府

①《马克思恩格斯文集》第 7 卷，人民出版社 2009 年版，第 499 页。
②《马克思恩格斯文集》第 7 卷，人民出版社 2009 年版，第 499 页。

保护，也不受资产者保护的情况下，才有价值。”①

即使把“国家帮助”置于“民主监督”之下，也只能是空谈。或许《哥达纲领》的制定者觉得笼统地提出“依靠国家帮助”可能有点不靠谱，于是，便在“依靠国家帮助”之前加上了一个限定，“在劳动人民的监督下”。他们认为在这样的前提下，解决资本主义的弊病和实现社会主义就有保障了。但问题的关键是，德国当时的“劳动人民”拥有民主监督的权利吗？如果没有的话，加上这样的限定，岂不是自欺欺人！正如马克思所深刻指出的：“第一，德国的‘劳动人民’大多数是农民而不是无产者。第二，‘民主的’这个词在德语里意思是‘人民当权的’。什么是‘劳动人民的人民当权的监督呢’？何况所说的是这样的劳动人民，他们通过向国家提出的这些要求表明，他们充分意识到自己既没有当权，也没有成熟到当权的程度！”②可见，当时德国的“劳动人民”是完全没有“民主监督”权利的，因为他们不仅没有当家作主，而且对于占绝大多数的广大农民来说，因受到封建地主和贵族的残酷剥削，其文化水平和组织程度都不高，即还没有成熟到足以当家作主的程度。所以说，尽管《哥达纲领》的制定者“由于还知道一点羞耻”便把“国家帮助”置于“劳动人民的民主监督下”，但也于事无补，其“民主监督”只是一个用于点缀的、空洞的说辞而已。

①《马克思恩格斯文集》第 3 卷，人民出版社 2009 年版，第 443 页。
②《马克思恩格斯文集》第 3 卷，人民出版社 2009 年版，第 443 页。

把“国家帮助”写进党纲，是“完全退到宗派运动的立场”上了。事实上，依靠国家帮助建立合作社，并不是拉萨尔的首创，而是法国基督教社会主义的“特殊万灵药方”。19 世纪 40 年代，法国历史学家、基督教社会主义者菲利普·毕舍在其著作中阐述了借助国家帮助建立合作社的理论，试图借此来消除社会弊病，从而平息日益发展的法国的工人运动。马克思当时就针锋相对地对这一学派的理论观点和政策主张进行了严肃的批驳，可是，几十年后的德国工人党竟然又把这一不切实际的幻想写入了党纲。这简直是倒退，完全背叛了无产阶级的根本利益，将使工人运动成为狭隘的学派运动。对此，马克思严肃指出：“主要的过失不在于把这个特殊的万灵药方写入了纲领，而在于从阶级运动的立场完全退到宗派运动的立场。”①

二、对于工人阶级来说，其他一切阶级并不都是“反动的一帮”

工人阶级作为社会大工业的产物，自然是最先进、最革命的阶级。然而，如果不分青红皂白、不做具体分析地就由此断言：其他一切阶级都是“反动的一帮”，无疑是极其荒谬的。而《哥达纲领》正是这样武断地得出了错误的论断：“劳动的解放应当是工人阶级的事情，对它说来，其他一切阶级只是反动的

①《马克思恩格斯文集》第 3 卷，人民出版社 2009 年版，第 443 页。

一帮。”[①]对此，马克思进行了无情的批判。

首先，应该改“劳动的解放”为“工人阶级的解放”。在马克思看来，工人运动是以阶级的解放为目的的，而所有的解放包括劳动的解放最终都得以工人阶级的解放为前提，如果没有工人阶级的解放，哪里会有劳动的解放。因此，在资本主义社会中要解放的不是劳动，而是从事劳动的工人阶级和劳动群众。而且，工人阶级的解放必须由工人阶级自己去努力争取，而不可能依靠统治者的帮助和恩赐得以实现。马克思早在《协会临时章程》中就曾明确指出：“工人阶级的解放应该由工人阶级自己去争取。”[②] 可如今，纲领却篡改这句话，变成了“工人阶级”要争取“解放”的仅仅是“劳动”。这是对工人运动目标的肆意歪曲，是对资产阶级的严重妥协。马克思批评说，“前一句是从国际章程的导言中抄来的，但是经过了‘修订’。那里写道：‘工人阶级的解放应当是工人自己的事情’；这里却说‘工人阶级’应当解放——解放什么？——‘劳动’。谁能理解，就让他去理解吧。”[③]

其次，工人阶级争取自身的解放应该采取统一战线策略。诚然，工人阶级的解放是工人阶级自己的事情，但同时必须团结一切能团结的力量，即尽可能地联合资产阶级以外的其他阶级，组成最广泛的统一战线，以便共同对敌，这是无产阶级进

①《马克思恩格斯文集》第 3 卷，人民出版社 2009 年版，第 437 页。
②《马克思恩格斯全集》第 21 卷，人民出版社 1995 年版，第 16 页。
③《马克思恩格斯文集》第 3 卷，人民出版社 2009 年版，第 437 页。

行革命斗争的基本原则和策略。可《哥达纲领》却置这一革命策略于不顾，不加任何分辨地直接将工人阶级以外的其他阶级统统说成是“反动的一帮”，被马克思斥责为“廉价的蛮横行径”[①]。事实上，处于无产阶级和资产阶级这两个敌对阶级的中间的一些阶级，具有不确定性和可争取性，无产阶级政党必须善于客观分析其阶级性，以便争取最广泛的共同对敌的斗争联盟。马克思和恩格斯在《共产党宣言》中就对“中间等级”作了精辟的分析，为无产阶级结成广泛同盟指明了方向。“中间等级，即小工业家、小商人、手工业者、农民，他们同资产阶级作斗争，都是为了维护他们这种中间等级的生存，以免于灭亡。所以，他们不是革命的，而是保守的。不仅如此，他们甚至是反动的，因为他们力图使历史的车轮倒转。如果说他们是革命的，那是鉴于他们行将转入无产阶级的队伍，这样，他们就不是维护他们目前的利益，而是维护他们将来的利益，他们就离开自己原来的立场，而站到无产阶级的立场上来。”[②]这表明，作为中间等级的农民和小工业家、小商人、手工业者等阶层，具有保守和革命的两面性。一方面，作为小私有者，他们要极力维护自己的小生产地位，因而具有保守性甚至具有力图使历史车轮倒转的反动性，而相对来说，资产阶级这时却具有革命性。“资产阶级，作为大工业的体现者，对封建主和中层等

①《马克思恩格斯文集》第 3 卷，人民出版社 2009 年版，第 440 页。
②《马克思恩格斯文集》第 2 卷，人民出版社 2009 年版，第 42 页。

级说来，在这里是被当做革命阶级看待的，而封建地主和中间等级力求保持过时的生产方式所创造的一切社会阵地。所以他们并不是同资产阶级一起只组成反动的一帮。”①另一方面，作为劳动者，这些中间阶级又深受地主和资本家的统治与压榨，因而具有行将转入无产阶级队伍的革命性。因此，无产阶级在争取自身解放的革命斗争中，应当联合农民和手工业者及其他小资产阶级，共同推翻资产阶级的统治和压迫。只有这样，才能彻底取得胜利，最终实现全人类的真正解放。所以，“说什么对工人阶级说来，中间等级‘同资产阶级一起’并且加上封建主‘只组成反动的一帮’，这也是荒谬的”②。

“反动的一帮”论的实质是掩饰拉萨尔同封建专制主义者结成反资产阶级的同盟。“反动的一帮”论是“引用了地道的拉萨尔的话”，而作为全德工人联合会主席的拉萨尔是熟知《共产党宣言》的，既然熟知《共产党宣言》还能提出如此与之相反的观点，是别有用意的。如前文所述，拉萨尔是机会主义者，他一方面领导工人运动，另一方面又暗地里与俾斯麦勾结，向俾斯麦表示：劳动者本能地倾向于独裁统治，他们很愿意拥戴国王为社会统治的天然工具，并秘密接受俾斯麦的津贴。所以说，他是只反对资产阶级，而不反对地主和贵族，甚至还与封建主义者和专制主义者结成同盟。正如马克思所指出的：“他这

①《马克思恩格斯文集》第 3 卷，人民出版社 2009 年版，第 437 页。
②《马克思恩格斯文集》第 3 卷，人民出版社 2009 年版，第 438 页。

样粗暴地歪曲《宣言》，不过是为了粉饰他同专制主义者和封建主义者这些敌人结成的反资产阶级联盟。"[①]

"反动的一帮"论与德国工人党的实际态度和做法并不相符。其实，在实践中，德国工人党是秉持着《共产党宣言》对待中间阶级的态度的。例如，在纲领起草的前一年即 1874 年 1 月 10 日的德意志帝国国会选举中，德国社会民主工党就对小资产阶级采取了正确态度，并与其政党结成了联盟。其结果是，在选举中获得了超过 35 万张选票，占总选票的 6%，远远高于上一次选举所获得的票数。所以，马克思不由得质问道，"难道在最近这次选举中有人向手工业者、小工业家等等以及农民宣布说：对我们说来，你们同资产者和封建主一起只组成反动的一帮吗？"[②]

总之，工人阶级的解放必须由工人阶级自己去争取，工人阶级以外的一切阶级也不都是"反动的一帮"。工人阶级在争取自身解放的过程中，应当团结农民和小资产阶级等中间阶级，以便组成联盟共同对敌。《哥达纲领》在抄来的并作了修订的"劳动的解放应当是工人阶级的事情"这句话后面，强塞进拉萨尔的"其他一切阶级只是反动的一帮"这句格言，"纯粹是一种狂妄无耻的做法，而且绝对不是俾斯麦先生所不喜欢的"[③]。

①《马克思恩格斯文集》第 3 卷，人民出版社 2009 年版，第 438 页。
②《马克思恩格斯文集》第 3 卷，人民出版社 2009 年版，第 438 页。
③《马克思恩格斯文集》第 3 卷，人民出版社 2009 年版，第 438 页。

三、不能用“最狭隘的民族观点来理解工人运动”

各国的工人运动，自然首先是在本国范围内进行，是根据本国的实际情况，同本国的统治阶级进行不懈的坚决斗争。但由于世界市场的形成和资本的国际联盟，资产阶级也已经形成了国际的联盟。因此，工人运动必须坚持国际主义原则，即“全世界无产者联合起来”以共同反对资本的国际统治，进而消灭一切剥削制度，解放全人类。但是，《哥达纲领》却只字不提国际主义原则，而是用“意识到”工人运动会产生一个“国际的兄弟联合”的结果，来取而代之。《哥达纲领》提出：“工人阶级为了本身的解放，首先是在现代民族国家的范围内进行活动，同时意识到，它的为一切文明国家的工人所共有的那种意图必然导致的结果，将是各民族的国际的兄弟联合。”对此，马克思批评道：“同《共产主义宣言》和先前的一切社会主义相反，拉萨尔从最狭隘的民族观点来理解工人运动。”①这无疑是一种倒退。

各国的资本主义发展程度及各种具体情况不同，其工人的斗争方式和方法也就不同。因此，各国的工人运动必须从本国的实际出发，以便有针对性地开展有效的斗争。而且，工人要斗争，也必须首先在国内作为阶级组织起来，所以，工人运动

①《马克思恩格斯文集》第3卷，人民出版社2009年版，第438页。

就其形式来说，是在本国范围内开展的。然而，就其工人运动内容来说，则是国际性的，尽管德国资本主义的发展程度不如英国，但是，德国在经济上仍然是世界资本主义经济体系的一部分，处在世界市场的范围内；在政治上也处在资本主义国家体系的范围内。而各国的资产阶级已经联合起来，共同对付各国的工人运动了。因此，无产阶级革命就其形式来说是民族的，必须在国内作为阶级组织起来，进行阶级斗争；而就其内容来说则是国际的。

所谓的“各民族的国际的兄弟联合”，实质上就是要求各国资产阶级的联合。民族问题实质上就是阶级问题，现代民族国家实质上就是资产阶级国家。因此，“各民族的国际的兄弟联合”是一个典型的资产阶级口号。如果作为工人阶级的政党接受了这一口号，就无异于放弃了无产阶级革命的阶级立场、放弃了科学社会主义。因此，绝不能用“最狭隘的民族观点来理解工人运动”，对于无产阶级革命来说，唯一正确的选择只能是：全世界无产者联合起来！

第七章　从理论到实践：一个多世纪的深远影响

《哥达纲领批判》作为科学社会主义的重要理论著作，对国际共产主义运动产生了深远的影响。《哥达纲领批判》公开发表 26 年后，世界上第一个社会主义国家——俄罗斯苏维埃联邦社会主义共和国于 1917 年俄历十月诞生。由此，科学社会主义从理论到实践、从理想到现实、从一国到多国、从欧洲到亚洲再到美洲，经历了一个蓬勃的发展时期。然而，20 世纪 90 年代初，由于苏联的解体和东欧的巨变，国际共产主义运动又进入了一个低潮时期。当然，中国自 1949 年成立了中华人民共和国以来，在实行无产阶级专政和探索社会主义道路的进程中，虽然走了一些弯路，但也积累了宝贵的经验和沉痛的教训。20 世纪 70 年代末，中国依据"和平与发展"的时代主题及本国相对落后的实际情况，毅然决然地放弃了"以阶级斗争为纲"和"无产阶级专政下继续革命"的错误路线，坚持以经济建设为中心，在牢牢把握"四项基本原则"的前提下，实行了改革开放这个决定中国命运的关键决策。40 多年来，经过波澜壮阔的改革开放和社会主义现代化建设，中国的面貌、中华民族的面貌、中国人民的面貌、中国共产党的面貌都发生了举世瞩目的巨大变化，显示了中国特色社会主义的强大生命力。有理由相信，既坚持了科学社会主义基本原理又具有鲜明中国特色的社会主义道路，必将在马克思主义的指导下越走越宽广！

一、苏联的实践发展和理论丰富

列宁作为布尔什维克党的创始人和苏俄社会主义国家的主要缔造者，不仅在理论上极大地丰富和发展了马克思主义的国家学说与无产阶级专政理论，而且在实践中艰难地探索了于经济文化落后的国家如何建设社会主义的问题。斯大林作为列宁的继任者，并未很好地坚持列宁对无产阶级专政和社会主义道路的有益探索，而是将无产阶级专政逐渐变成了“专制”，最终使国家走向了高度集权的僵化体制。这种僵化的集权体制不仅没有充分显示出社会主义应有的优越性,反而最终导致了苏联的解体。其经验教训是惨痛的，值得我们深刻反思和认真汲取。

19 世纪末至 20 世纪初，以考茨基为首的第二国际修正主义者，对马克思主义进行了全面的歪曲和修正，特别是对无产阶级专政的革命理论的歪曲尤甚。机会主义者极力宣扬议会道路，主张资本主义可以“和平长入”社会主义。这些因素都给国际共产主义运动带来了恶劣的影响。列宁坚定不移地站在马克思主义的立场上，坚持无产阶级革命理论，主张武装夺取政权，建立无产阶级专政，并于 1917 年的 8—9 月写就了《国家与革命》一书。列宁不仅在理论上系统地阐述了马克思主义国家学说、无产阶级革命和无产阶级专政理论，并有力地批判了修正主义和机会主义对马克思主义国家学说和无产阶级专政理论的歪曲，而且成功地将无产阶级专政理论付诸实践，在世界上建立了第一个社会主义国家，从而极大地丰富和发展了马克思主义的无产阶级专政理论。

承认无产阶级专政与否，是真假马克思主义的“试金石”。对于马克思和恩格斯的无产阶级专政学说，资产阶级学者自然是反对的，他们把无产阶级专政看成是民主和法治的对立面，甚至看成是“通往奴役之路”的专制和集权。哈耶克就直言不讳地说：“一个真正的‘无产阶级专政’，即使形式上是民主的，如果它集中管理经济体系的话，可能会和任何专制政体所曾做的一样完全破坏个人自由。”[①]而作为德国社会民主主义理论家的伯恩斯坦，也不主张建立无产阶级专政的国家。他认为，专政是在政治上反时代潮流的“返祖现象”，实行无产阶级专政的结果会有悖于初衷，即最终会走向封建专制制度。在 1899 年出版的《社会主义的前提和社会民主的任务》一书中，他认为资产阶级是先进的阶级，而作为相对落后的无产阶级，尚不具备统治社会和协调经济社会发展的能力。也就是说，社会主义是可以通过资本主义实现的，而不是通过资本主义的灭亡来实现（工人会逐渐争取到权利，因此他们痛苦的根源就会消失，

①〔英〕哈耶克：《通往奴役之路》，王明毅、冯兴元等译，中国社会科学出版社 1997 年版，第 93 页。

同样革命的基础也会消失)。列宁在认真研读了马克思主义相关经典著作的基础上，明确指出，承认无产阶级专政与否，是真假马克思主义者的试金石。针对有人仅仅将阶级斗争看成是马克思主义的“主要之点”的曲解，列宁认为，如果把马克思主义只局限于阶级斗争学说，那他不仅不是马克思主义者，而且是对马克思主义的“阉割”和“歪曲”。“只有承认阶级斗争、同时也承认无产阶级专政的人，才是马克思主义者。马克思主义者同平庸的小资产者(以及大资产者)之间的最深刻的区别就在这里。必须用这块试金石来检验是否真正理解和承认马克思主义。”[①]可见，作为一个真正的马克思主义者，必须同时承认阶级斗争和无产阶级专政。如果只承认前者而拒绝承认后者，那他还未真正理解马克思主义，因而也算不上马克思主义者。

无产阶级专政不受资产阶级法律的约束。列宁认为，无产阶级要想夺取政权，绝不能在现有的资产阶级的法律约束下进行，而必须突破现有的法律和制度进行无产阶级革命。正如他在《无产阶级专政和叛徒考茨基》一文中所明确指出的：“专政的前提和意思是一个阶级对另一个阶级采用叛徒们所不喜欢的革命暴力的‘状态’”[②]，“无产阶级的革命专政是由无产阶级对资产阶级采用暴力手段来获得和维持的政权，是不受任何法律约束的政权”[③]。在这里，列宁显然是说无产阶级的革命专

①《列宁选集》第 3 卷，人民出版社 2012 年版，第 139 页。
②《列宁选集》第 3 卷，人民出版社 2012 年版，第 594 页。
③《列宁选集》第 3 卷，人民出版社 2012 年版，第 593—594 页。

政是不受资产阶级的任何法律约束的，而不是说无产阶级的革命专政本身可以任意妄为、“无法无天”，更不是说无产阶级专政时期就不制定法律法规、不实行法治，而只实行人治。

无产阶级专政的实质既在于暴力，又主要不在于暴力。在《国家与革命》一书中，列宁总结了国际无产阶级革命的经验，特别是俄国 1905 年革命和 1917 年二月革命的经验，提出了无产阶级必须用暴力打碎资产阶级国家机器以建立无产阶级新型国家的思想。列宁明确指出：暴力革命或武装夺取政权是无产阶级革命的一般规律，是由无产阶级革命的性质和任务所决定的。在后来与考茨基论战时，列宁也重申了这一思想：“不用暴力破坏资产阶级的国家机器并用新的国家机器代替它，无产阶级革命是不可能的。”[①]但考茨基却不顾垄断时期资本主义发生的深刻变化，仍一味地否定无产阶级专政的暴力性，甚至引用马克思的话，来为自己的观点作证据。他辩解道，马克思认为英国和美国有可能以和平方式，即用民主方法实现过渡。对此，列宁具体分析了垄断前后资本主义的变化，指出了在资本主义进入帝国主义时期，无产阶级暴力革命的不可避免性。“‘历史学家’考茨基十分无耻地篡改历史，竟‘忘记了’一个基本事实：垄断前的资本主义(它的全盛时期也正是 19 世纪 70 年代)，由于它的根本的经济属性（这种属性在英美表现得特别典型），其特征是比较说来最爱和平，最爱自由。而帝国主义，即只是

① 《列宁选集》第 3 卷，人民出版社 2012 年版，第 596 页。

在 20 世纪才完全成熟的垄断资本主义,由于它的根本的经济属性，其特征则是最不爱和平，最不爱自由，最大限度地到处发展军阀机构。在谈论和平变革或暴力变革具有多大的典型性或可能性时，竟然‘不注意’这一点，那就等于堕落为资产阶级最庸俗的奴仆了。”[①]由此可知，在时过境迁的 20 世纪还重谈 19 世纪 70 年代的“和平过渡”之老调，是不合时宜的。因为在资产阶级统治的国家存在着军阀和官僚的情况下，无产阶级首先必须使用暴力才能夺取政权；而夺取政权之后，也需要用暴力对付资产阶级的反抗和各种颠覆活动。当然，列宁并没有将无产阶级专政的暴力性绝对化，而是客观地指出了它的管理性、建设性及长期性。“无产阶级专政的实质不仅在于暴力，而且主要不在于暴力。它的主要实质在于劳动者的先进部队、先锋队、唯一领导者即无产阶级的组织性和纪律性。无产阶级的目的是建成社会主义，消灭社会的阶级划分，使社会全体成员成为劳动者，消灭一切人剥削人现象的基础。这个目的不是一下子可以实现的，这需要一个相当长的从资本主义到社会主义的过渡时期，因为改组生产是一件困难的事情，因为根本改变生活的一切方面是需要时间的，因为按小资产阶级和资产阶级方式经营的巨大的习惯势力只有经过长期的坚忍的斗争才能克服。”[②] 可见，建成社会主义的目的决定了无产阶级专政的建

① 《列宁选集》第 3 卷，人民出版社 2012 年版，第 597—598 页。
② 《列宁选集》第 3 卷，人民出版社 2012 年版，第 835 页。

设性、管理性和长期性。

无产阶级专政是大多数人的民主。列宁认为，民主是有阶级性的，不存在超越阶级的所谓的“纯粹民主”。列宁在《国家与革命》中揭示了无产阶级民主和资产阶级民主的根本区别，即无产阶级专政的民主是广大劳动人民的民主，是绝大多数人的民主，是对少数敌人的专政；资产阶级的民主是资产阶级少数人的民主，是对广大人民的专政。“人民这个大多数享有民主，对人民的剥削者、压迫者实行强力镇压，即把他们排斥于民主之外，——这就是民主在从资本主义向共产主义过渡时改变了的形态。”[1]“极少数人享受民主，富人享受民主，——这就是资本主义社会的民主制度。”[2]“资本主义社会里的民主是一种残缺不全的、贫乏的和虚伪的民主，是只供富人、只供少数人享受的民主。无产阶级专政，向共产主义过渡的时期，将第一次提供人民享受的、大多数人享受的民主，同时对少数人即剥削者实行必要的镇压。只有共产主义才能提供真正完全的民主，而民主愈完全，它也就愈迅速地成为不需要的东西，愈迅速地自行消亡。”[3] 而后来针对考茨基和自由主义者赞美的资产阶级的“纯粹民主”，列宁再次指出：“只有自由主义者才会庸俗地说什么‘纯粹民主’，粉饰和抹杀资产阶级民主的阶级内容，

①《列宁选集》第 3 卷，人民出版社 2012 年版，第 191 页。
②《列宁选集》第 3 卷，人民出版社 2012 年版，第 189 页。
③《列宁选集》第 3 卷，人民出版社 2012 年版，第 191—192 页。

最害怕被压迫阶级的革命暴力。”[①]“专政不一定意味着消灭对其他阶级实行专政的那个阶级的民主，但一定意味着消灭（或极大地限制，这也是消灭方式中的一种）被专政的或者说作为专政对象的那个阶级的民主。”[②]也就是说，无产阶级专政是对资产阶级实行专政，而对无产阶级及其广大劳动人民则实行民主。因此，列宁斥责社会沙文主义派或考茨基派的领袖们说:“这班人完全或部分地相信了资产阶级关于俄国苏维埃政权的谎言,不善于把体现在苏维埃政权中的新的无产阶级民主、劳动者的民主、社会主义民主同资产阶级民主从本质上区别开来，他们奴隶似地崇拜资产阶级民主，把它叫做‘纯粹民主’或一般‘民主’。”[③]

国家作为阶级矛盾不可调和的产物，其消亡的经济基础是共产主义的高度发展。列宁论证了资产阶级民主共和国的实质，是在经济上占统治地位的资产阶级进行统治的有力工具，是剥削无产阶级和广大劳动人民的最可靠的政治形式。“资产阶级国家的形式虽然多种多样，但本质是一样的：所有这些国家，不管怎样，归根到底一定都是资产阶级专政。从资本主义向共产主义过渡，当然不能不产生非常丰富和多样的政治形式，但本质必然是一样的：都是无产阶级专政。”[④]列宁还明确指出：“只

①《列宁选集》第 3 卷，人民出版社 2012 年版，第 600 页。
②《列宁选集》第 3 卷，人民出版社 2012 年版，第 593—594 页。
③《列宁选集》第 3 卷，人民出版社 2012 年版，第 834 页。
④《列宁选集》第 3 卷，人民出版社 2012 年版，第 140 页。

有共产主义才能够完全不需要国家，因为没有人需要加以镇压了，——这里所谓‘没有人’是指阶级而言，是指对某一部分居民进行有系统的斗争而言。”①

总之，列宁深谙马克思主义的国家学说和无产阶级专政理论，并创造性地运用这一革命理论，取得了十月社会主义革命的伟大胜利，建立了世界上第一个无产阶级专政性质的国家——俄罗斯苏维埃联邦社会主义共和国。建国后，又迅速摧毁了旧的国家机器，同时着手建立人民委员会各部，并组建新的工农红军。特别是为巩固新生的政权，成立了全俄肃反委员会，以镇压反革命分子的破坏活动。经过三年艰苦的国内战争，粉碎了14个帝国主义国家的武装干涉和地主资本家的武装叛乱，保卫了苏维埃政权。

另外，列宁还结合苏俄的实际，丰富和发展了科学社会主义的发展阶段论。在《国家与革命》一书中，列宁系统阐发了共产主义社会的两阶段发展学说。既阐述了在经济上成熟程度不同的两个发展阶段的基本特征，又把马克思所说的“共产主义社会第一阶段”称为社会主义。在《论粮食税》一文中，列宁又明确指出在俄罗斯苏维埃联邦社会主义共和国建立之后，在经济上存在一个过渡时期，并将国家资本主义作为社会主义的入口。“‘社会主义苏维埃共和国’这个名称是表明苏维埃政权有决心实现向社会主义的过渡，而决不是表明现在的经济制

①《列宁选集》第3卷，人民出版社2012年版，第192页。

度是社会主义制度。”[①]也就是说，虽然无产阶级掌握政权了，但从经济上看，落后的苏俄还远远没有达到社会主义所要求的程度。因此，还需要向资本主义国家学习，发展商品经济，并利用国家资本主义提高劳动生产率，以便为过渡到社会主义提供充分的物质准备。“国家垄断资本主义是社会主义的最充分的物质准备，是社会主义的前阶，是历史阶梯上的一级，在这一级和叫做社会主义的那一级之间，没有任何中间级。”[②]可见，从经济和物质生产方面来看，刚刚诞生的俄罗斯苏维埃联邦社会主义共和国还没有到达国家资本主义这个“前阶”，因而，要想走进社会主义的大门，就必须在这个“过渡时期”发展国家资本主义，从而为走进社会主义奠定足够的物质基础。也正是在此意义上，列宁认为：“社会主义无非是从国家资本主义垄断再向前跨进一步。”[③]

遗憾的是，列宁去世后，其继任者斯大林将“专政”专过了头，扩大了专政的对象，萎缩了其“民主”的内涵和外延，从而使第一个社会主义国家的无产阶级专政逐步走向了“专制”，随后，国家的管理也日趋陷入高度集权的僵化体制，从而为最后的解体埋下了伏笔。斯大林的继任者赫鲁晓夫虽然认识到了高度集权问题的严重性，但他只是将批判的锋芒对准了斯大林个人而未能从根本上触动这个已经根深蒂固的斯大林模

①《列宁选集》第4卷，人民出版社2012年版，第490页。
②《列宁选集》第4卷，人民出版社2012年版，第495页。
③《列宁选集》第3卷，人民出版社2012年版，第265页。

式，因此收效甚微。此后的几届领导人也都试图进行改革，但最终未有根本性的改变。而苏联最后一任领导人戈尔巴乔夫又“改”过了头，直接导致了苏联的解体。尽管苏联的解体有着复杂的国际和国内的诸多原因，但从根本上来说，作为社会主义国家没有始终做到更充分地发挥无产阶级专政的民主性、建设性和管理性，而相反地却扩大了其“专政”的对象并加深了专政的镇压性甚至异化为极端的专制性等，从而造成高度集中的僵化体制而无法更好地彰显人民当家作主的社会主义优越性，应该说是一个极为重要的原因。

二、毛泽东对革命专政理论的把握和中国实践

毛泽东作为中华人民共和国的主要缔造者和中国特色社会主义事业的伟大奠基者，不仅成功地运用了马克思主义的革命专政理论，而且创造性地结合中国的具体实际极大地丰富和发展了马克思主义的革命专政理论。在社会主义建设中，由于复杂的国际形势和缺乏建设经验，毛泽东错误地提出了“无产阶级专政条件下继续革命”的理论，从而在实践中导致了“文化大革命”，其经验教训是极其深刻的。

毛泽东提出了新民主主义革命的理论，从而成功地解决了一个半殖民地半封建国家的资产阶级民主革命如何同社会主义的前途连接起来的问题。在中国这样一个半殖民地半封建的东

方大国里，革命的主要任务不是反对资本，而是反对外国帝国主义的侵略和控制以获得民族独立，是反对国内封建势力以实现人民民主。主要的群众不是工人，而是广大的农民。因此，反帝反封建的民主革命同社会主义革命是既有联系又有区别的。如何把资产阶级性质的民主革命同社会主义的前途连接起来，是摆在中国共产党面前的一个亟待解决的重大理论和实践问题。对此，有主张在民主革命和社会主义革命之间横插一个资产阶级专政的“二次革命论”，也有主张要在民主革命阶段同时完成社会主义革命的“一次革命论”。这两种错误主张曾先后把中国革命引入歧途，既完不成民主革命，更谈不上社会主义前途了。毛泽东从近代中国的实际出发，根据中国社会的性质和各阶级状况及中国革命的特点，发展了马克思列宁主义关于无产阶级在民主革命中的领导权的思想，确立了无产阶级领导的，工农联盟为基础的，人民大众的，反对帝国主义、封建主义和官僚资本主义的新民主主义革命的理论，从而科学地解决了中国革命两步走的联结点的问题，即民主革命胜利后，“要建立以中国无产阶级为首领的中国各个革命阶级联合专政的新民主主义的社会，以完结其第一阶段。然后，再使之发展到第二阶段，以建立中国社会主义社会”[①]。当然，像中国这样经济文化落后的大国能够走上社会主义道路，是有其必要条件的。当时不仅资本主义有了一定程度的发展，而且有相对强大的无产阶级

①《毛泽东选集》第 2 卷，人民出版社 1991 年版，第 672 页。

政治力量和党领导的民主政权，同时得到了国际无产阶级的援助。[①]因此，中国从新民主主义革命走向社会主义革命、从新民主主义社会过渡到社会主义社会，具有历史的必然性。

正是基于新民主主义革命的理论，毛泽东领导制定了新民主主义的政治、经济和文化纲领，为向社会主义过渡奠定了各方面的良好基础。仅就经济纲领而言，新民主主义社会实行社会主义国营经济领导下多种经济成分并存的制度："国营经济是社会主义性质的，合作社经济是半社会主义性质的，加上私人资本主义，加上个体经济，加上国家和私人合作的国家资本主义经济，这些就是人民共和国的几种主要的经济成分，这些就构成新民主主义的经济形态。"[②] 这无疑是符合当时生产力发展状况的经济制度安排，既坚持国营经济的领导地位，又充分利用各种资本主义经济成分发展生产力，从而为向社会主义社会过渡奠定必要的经济基础。在新民主主义的政治纲领和文化纲领中，也都充分体现了其经济纲领中所蕴含的这种既立足于现实又着眼于未来社会主义发展的策略思想。毛泽东明确指出："完成中国资产阶级民主主义的革命（新民主主义的革命），并准备在一切必要条件具备的时候把它转变到社会主义革命的阶段上去，这就是中国共产党光荣的伟大的全部革命任务。每个

① 梁柱：《毛泽东与中国社会主义事业》，《当代中国史研究》2009 年第 6 期，第 27—35、125 页。

②《毛泽东选集》第 4 卷，人民出版社 1991 年版，第 1433 页。

共产党员都应为此而奋斗，绝对不能半途而废。”[①]根据新民主主义的三大纲领，中国共产党既脚踏实地立足于领导当时的民主革命，又积极地在经济、政治和文化思想等多方面为将来向社会主义革命转变做必要的准备，从而有效地解决了经济文化落后的东方大国的资产阶级民主革命如何向社会主义转变的这一历史性课题。因此，能够在新民主主义革命胜利后得以顺利地推进社会主义改造，并在具备了基本条件之后不失时机地确立了社会主义制度，从而揭开了社会主义在世界上人口最多的国家进行伟大实践的新篇章。

毛泽东提出了人民民主专政理论，从而为即将成立的中华人民共和国的国家政权奠定了理论基础，并丰富了马克思主义的无产阶级专政理论和国家学说。中华人民共和国成立前夕，毛泽东全面总结了中国近百年革命的历史经验特别是中国共产党领导民主革命 28 年的经验，提出了对人民实行民主、对反动派实行专政的人民民主专政的理论，阐明了即将成立的中华人民共和国的性质、各阶级在国家政权中的地位及中华人民共和国的政权形式。毛泽东指出：“中国人民在几十年中积累起来的一切经验，都叫我们实行人民民主专政，或曰人民民主独裁，总之是一样，就是剥夺反动派的发言权，只让人民有发言权。”[②]这里的“人民”显然包括除反动派以外的各个革命阶

①《毛泽东选集》第 2 卷，人民出版社 1991 年版，第 651 页。
②《毛泽东选集》第 4 卷，人民出版社 1991 年版，第 1475 页。

级。毛泽东根据当时各阶级的特点，给“人民”界定了外延：“人民是什么？在中国，在现阶段，是工人阶级，农民阶级，城市小资产阶级和民族资产阶级。”[①]也就是说，这些构成“人民”的阶级是民主的对象，也是实行“专政”的主体。“这些阶级在工人阶级和共产党的领导之下，团结起来，组成自己的国家，选举自己的政府，向着帝国主义的走狗即地主阶级和官僚资产阶级以及代表这些阶级的国民党反动派及其帮凶们实行专政……对于人们内部，则实行民主制度，人民有言论集会结社等项的自由权。选举权，只给人民，不给反动派。这两方面，对人民内部的民主方面和对反动派的专政方面，互相结合起来，就是人民民主专政。”[②]可见，即将成立的中华人民共和国的国体是上述各革命阶级的联合专政。其领导阶级是工人阶级，包括对人民内部实行民主和对反动派实行专政两个方面的结合。所以，毛泽东强调，“我们的经验，集中到一点，就是工人阶级（经过共产党）领导的以工农联盟为基础的人民民主专政”[③]。

人民民主专政理论，有力地驳斥了在国家政权问题上的各种错误思想和反动观点，为即将成立的中华人民共和国做了政治理论准备。在这一理论的指导下，1949 年 10 月中华人民共和国成立了，由此，实行了工人阶级领导的，以工农联盟为基础的，对人民实行民主和对敌人实行专政的国家制度。毫无疑

①《毛泽东选集》第 4 卷，人民出版社 1991 年版，第 1475 页。
②《毛泽东选集》第 4 卷，人民出版社 1991 年版，第 1475 页。
③《毛泽东选集》第 4 卷，人民出版社 1991 年版，第 1480 页。

问，人民民主专政作为中国人民实行无产阶级专政的一种特殊形式，是对马克思主义无产阶级专政学说的丰富和发展。

需要注意的是，后来毛泽东又错误地提出了“以阶级斗争为纲”的指导思想和“无产阶级专政下继续革命”的理论，不仅在理论上严重背离了马克思主义的“专政”理论，而且在实践中给党和人民带来了严重灾难。中华人民共和国成立后，经过三年恢复时期，党中央采取了社会主义工业化和社会主义改造同时并举的方针,实行逐步改造生产资料私有制的具体政策。虽然在“改造”过程中存在一些错误和偏差，诸如要求过急、工作过粗、改变过快、形式过于简单划一等，但基本解决了在中国这样一个经济文化落后的大国中建立社会主义制度的艰难任务。1956 年底完成了对农业、手工业和资本主义工商业生产资料私有制的社会主义改造任务，实现了从新民主主义社会向社会主义社会的过渡。1956 年，党的八大明确指出，社会主义改造基本完成后，党和国家的主要任务就是集中力量解决“先进的社会主义制度同落后的社会生产力之间的矛盾”[①]，为此，大会作出了党和国家的工作重点必须转移到社会主义建设上来的重大战略决策。然而，在反右斗争扩大化的影响下，党的八大的这一正确决策很快就被否定了。1957 年 10 月，毛泽东在党的八届三中全会上提出，无产阶级和资产阶级的矛盾、社会

① 中共中央文献研究室编:《中共中央文件选集（一九四九年十月～一九六六年五月）》第 24 册，人民出版社 2013 年版，第 248 页。

主义道路和资本主义道路的矛盾，仍然是当前我国社会的主要矛盾。在 1959 年 8 月召开的庐山会议上，毛泽东又把对彭德怀的批判说成是“一场阶级斗争”。1962 年党的八届十中全会上，毛泽东进一步指出，在整个社会主义社会，始终存在无产阶级和资产阶级之间的阶级斗争，存在社会主义和资本主义两条路线的斗争。在 1963 年 2 月召开的中央工作会议上，毛泽东在总结湖南、河北等地的社会主义教育运动经验时，提出“阶级斗争，一抓就灵”[①]。可见，1957 年以后，全党全国的各项工作从根本指导思想上说均以“阶级斗争为纲”，并成为后来“无产阶级专政下继续革命”理论的核心内容。

“文化大革命”将“阶级斗争”推向了极致。毛泽东晚年对整个党和国家的政治形势严重误判，认为从中央到地方，大多数单位的领导权已经不在马克思主义者和人民群众手里，“党内走资本主义道路的当权派”已经在中央形成了一个“资产阶级司令部”，因而发动了这场所谓的“大革命”，并提出了所谓的“无产阶级专政下继续革命”理论。这一理论的核心要义在于，无产阶级夺取政权之后，还要进行一个阶级推翻另一个阶级的“大革命”。事实上，在社会主义改造基本完成后，根本就不存在一个所谓需要被推翻的“反动阶级”。因此，“文化大革命”不仅没有任何事实根据，而且在理论上和政策上严重混淆

① 中共中央文献研究室编：《中共中央文件选集（一九四九年十月～一九六六年五月）》第 43 册，人民出版社 2013 年版，第 131 页。

了是与非，给社会生产和人民生活带来了严重灾难。正如党的十一届六中全会所指出的："'文化大革命'不是也不可能是任何意义上的革命或社会进步。""历史已经判明，'文化大革命'是一场由领导者错误发动，被反革命集团利用，给党、国家和各族人民带来严重灾难的内乱。"[①]

当然，也有人认为，"无产阶级专政下继续革命"理论是马克思提出的，只不过是中国在运用这一理论时扩大了规模而已。其根据是马克思在批判"空论的社会主义"时用的是"革命的社会主义"来与之相区别："这种社会主义就是宣布不断革命，就是无产阶级的阶级专政，这种专政是达到消灭一切阶级差别，达到消灭这些差别所由产生的一切生产关系，达到消灭和这些生产关系相适应的一切社会关系，达到改变由这些社会关系产生出来的一切观念的必然的过渡阶段。"[②] 其实，马克思在此所说的"不断革命"，显然不是"一个阶级推翻另一个阶级的革命"，而是在无产阶级推翻资产阶级之后，广义上的社会革命，是一个变革社会的过程，即广大人民群众改造社会的重大变革，包括革除、革新、改革、除旧立新等，是一个实现社会变革的历史过程。而"文化大革命"中提出的"无产阶级专政下继续革命"，是被"左"的"以阶级斗争为纲"指导思想扭曲了的"推翻"革命，因此，这种所谓的"继续革命"，远远偏

① 中共中央文献研究室编：《改革开放三十年重要文献选编》上，人民出版社2008年版，第196页。

②《马克思恩格斯文集》第2卷，人民出版社2009年版，第166页。

离了马克思主义的正确轨道，甚至是反马克思主义的。

总之，“以阶级斗争为纲”的指导思想和“无产阶级专政下继续革命”理论是错误的，它们不仅严重背离了马克思主义的无产阶级专政理论，也完全脱离了中国的实际。这种脱离实际的主观主义做法，给我们留下了惨痛的教训，永远值得深刻反思。

三、中国特色社会主义道路越走越宽广

“文化大革命”后，经过两年的徘徊，在邓小平的主导下，党中央于 1978 年 12 月胜利地召开了党的十一届三中全会。全会毅然地抛弃了“以阶级斗争为纲”的口号和“无产阶级专政下继续革命”的错误观点，做出了从 1979 年起把全党工作重点转移到社会主义现代化建设上来的战略决策。由此，全面开启了中国特色社会主义现代化建设和改革开放的新的历史时期。

邓小平作为党的第二代中央领导集体的核心，在认真总结国际和国内坚持无产阶级专政的历史经验教训的基础上，全面审视了世界历史进程和中国社会主义的发展阶段，提出了符合实际的巩固和加强人民民主专政的基本思路，并成功地付诸实践，取得了世人瞩目的巨大成就。

首先，邓小平对人民民主专政的镇压对象做了外延上的界定，以防止“专政”镇压职能的滥用。在为党的十一届三中全会做准备的中央政治局工作会议上，邓小平明确指出：“在党内

和人民内部的政治生活中，只能采取民主手段，不能采取压制、打击的手段。宪法和党章规定的公民权利、党员权利、党委委员的权利，必须坚决保障，任何人不得侵犯。”[①] 显然，邓小平把党内和人民内部矛盾的双方排除在了专政的镇压对象之外，并且指出了解决党内矛盾和人民内部矛盾的正确手段，是依据宪法和党章在充分保障其个人权利的前提下进行。这无疑是在汲取以往教训的基础上得出的正确论断，并为党的十一届三中全会对阶级斗争形势做出客观判断奠定了基础。“我们国内现在还存在着极少数敌视和破坏我国社会主义现代化建设的反革命分子和刑事犯罪分子，我们决不能放松同他们的阶级斗争，决不能削弱无产阶级专政。但是正如毛泽东同志所说，大规模的急风暴雨式的群众阶级斗争已经基本结束，对于社会主义社会的阶级斗争，应该按照严格区别和正确处理两类不同性质的矛盾的方针去解决，按照宪法和法律规定的程序去解决，决不允许混淆两类不同性质矛盾的界限，决不允许损害社会主义现代化建设所需要的安定团结的政治局面。”[②]

其次，将“以经济建设为中心、不断解放和发展生产力”作为巩固和加强人民民主专政的坚实基础。邓小平指出，社会主义的根本任务是发展生产力。以经济建设为中心，一心一意地搞现代化建设，这就是全党最大的政治。“看一个经济部门

①《邓小平文选》第 2 卷，人民出版社 1994 年版，第 144 页。

② 中共中央文献研究室编：《改革开放三十年重要文献选编》上，人民出版社 2008 年版，第 15 页。

的党委善不善于领导，领导得好不好，应该主要看这个经济部门实行了先进的管理方法没有，技术革新进行得怎么样，劳动生产率提高了多少，利润增长了多少，劳动者的个人收入和集体福利增加了多少。各条战线的各级党委的领导，也都要用类似这样的标准来衡量。这就是今后主要的政治。离开这个主要的内容，政治就变成空头政治，就离开了党和人民的最大利益。”[①]正如党的十一届三中全会所指出的：“把全党工作的着重点和全国人民的注意力转移到社会主义现代化建设上来。这对于实现国民经济三年、八年规划和二十三年设想，实现农业、工业、国防和科学技术的现代化，巩固我国的无产阶级专政，具有重大的意义。”[②]此后，邓小平也在不同的场合强调要坚定不移地以经济建设为中心。“对刑事犯罪活动的打击是必要的，今后还要继续打击下去，但是只靠打击并不能解决根本的问题，翻两番、把经济搞上去才是真正治本的途径。……但经济发展是个基础，在这个基础上工作就好做了。”[③] 发展速度问题，“不只是经济问题，实际上是个政治问题……使我们真正睡不着觉的，恐怕长期是这个问题”[④]。“最终说服不相信社会主义的人要靠我们的发展。”[⑤] “中国能不能顶住霸权主义、强权政治的

① 《邓小平文选》第 2 卷，人民出版社 1994 年版，第 150 页。

② 中共中央文献研究室编：《改革开放三十年重要文献选编》上，人民出版社 2008 年版，第 15 页。

③ 《邓小平文选》第 3 卷，人民出版社 1993 年版，第 89 页。

④ 《邓小平文选》第 3 卷，人民出版社 1993 年版，第 354—355 页。

⑤ 《邓小平文选》第 3 卷，人民出版社 1993 年版，第 204 页。

压力，坚持我们的社会主义制度，关键就看能不能争得较快的增长速度，实现我们的发展战略。”[①]

可见，邓小平一直把经济发展作为解决一切矛盾和问题的坚实基础，坚持“发展才是硬道理”的唯物主义历史观。

最后，邓小平提出了社会主义初级阶段理论，丰富了马克思关于未来社会的发展阶段理论。邓小平认为，在社会主义改造基本完成后，尽管经过二十多年的经济建设并取得了很大的成就，但中国的生产力还十分落后，仍处在社会主义的初级阶段。“社会主义本身是共产主义的初级阶段，而我们中国又处在社会主义的初级阶段，就是不发达的阶段。一切都要从这个实际出发，根据这个实际来制定规划。”[②]在随后召开的中国共产党第十三次全国代表大会上，邓小平全面阐述了社会主义初级阶段理论，不仅给出了定义、始末时间和基本内涵，而且制定了党在社会主义初级阶段的基本路线。党的十三大报告明确指出：社会主义初级阶段不是泛指任何国家进入社会主义都会经历的起始阶段，而是特指我国生产力落后、商品经济不发达条件下建设社会主义必然要经历的特定阶段。即从 1956 年社会主义改造基本完成到 21 世纪中叶社会主义现代化基本实现的整个历史阶段。社会主义初级阶段的论断包括两层含义：一是我国已经进入社会主义社会，我们必须坚持而不能离开社会主义；

① 《邓小平文选》第 3 卷，人民出版社 1993 年版，第 356 页。
② 《邓小平文选》第 3 卷，人民出版社 1993 年版，第 252 页。

二是我国的社会主义社会正处于并将长期处于初级阶段，我们必须正视而不能超越这个初级阶段。党在社会主义初级阶段的基本路线，即领导和团结全国各族人民，以经济建设为中心，坚持四项基本原则，坚持改革开放，自力更生，艰苦创业，为把我国建设成为富强、民主、文明、和谐的社会主义现代化国家而奋斗。毫无疑问，社会主义初级阶段的理论是在认真总结中国和苏联的历史经验教训中提出的，是对马克思和列宁的社会主义发展阶段论的继承与发展，从而丰富和发展了科学社会主义，为经济文化落后国家的社会主义发展实践提供了理论指导。

总之，“文化大革命”结束后，邓小平深刻反思无产阶级专政理论在国际共产主义运动史上特别是在中国社会主义革命和建设实践中的经验教训的基础上，严格界定了其专政的镇压对象之外延、指出了巩固和加强人民民主专政的正确手段，客观地判定了我国所处的历史发展阶段，从而为党制定正确的基本路线奠定了思想基础。正是在党的正确的基本路线的指引下，中国全面开启了社会主义现代化建设和改革开放的新时期，取得了举世瞩目的建设成就，有效地解决了 13 亿多人民的温饱问题，为向小康社会迈进做了充分的准备。

20 世纪 80 年代末 90 年代初，国内外形势风云变幻。以江泽民同志为核心的党的第三代中央领导集体，在苏联解体、东欧剧变即世界社会主义运动走向低谷的关键时期，一手抓发展、一手抓党建，提出了“发展作为党执政兴国的第一要务”和“三个代表”重要思想，加速了经济发展，加强了党的建设，从而有效地巩固了无产阶级专政，并将中国特色社会主义推向 21 世纪，印证了“巩固无产阶级专政关键在党”的论断。一是将发展同党的先进性、社会主义优越性和党的历史使命联系起来，明确提出发展是我们党执政兴国的第一要务。“离开发展，坚持党的先进性、发挥社会主义制度优越性和实现民富国强都无从谈起。”“我们党在中国这样一个经济文化落后的发展中大国领导人民进行现代化建设，能不能解决好发展问题，直接关系人心向背、事业兴衰。党要承担起推动中国社会进步的历史责任，必须始终紧紧抓住发展这个执政兴国的第一要务，把坚持党的先进性和发挥社会主义制度的优越性，落实到发展先进生产力、发展先进文化、实现最广大人民的根本利益上来，推动社会全面进步，促进人的全面发展。”①二是在深刻分析世纪之交国内外形势发展变化和科学判断党的历史方位的基础上，明确提出“三个代表”重要思想，以切实解决好提高党的领导水平和执政水平、提高拒腐防变和抵御风险能力这两大历史性课题，进而使党能够始终成为人民民主专政的坚强领导核心。“总结我们党七十多年的历史，可以得出一个重要结论，这就是：我们党所以赢得人民的拥护，是因为我们党在革命、建设、改革的各个历史时期，总是代表着中国先进生产力的发展要求，代表着中国先进文化的前进方向，代表着中国最广大人民的根本利益，并通过制定正确的路线方针政策，为实现国家和人民的根本利

① 《江泽民文选》第 3 卷，人民出版社 2006 年版，第 538—539 页。

益而不懈奋斗。”[①]江泽民指出：“始终做到‘三个代表’，是我们党的立党之本、执政之基、力量之源。”“贯彻‘三个代表’重要思想，关键在坚持与时俱进，核心在坚持党的先进性，本质在坚持执政为民。”[②]可见，以江泽民同志为核心的党的第三代中央领导集体，系统地回答了新的历史条件下党的建设的根本问题，为确保党始终作为人民民主专政的领导核心指明了方向。

新世纪新时期，以胡锦涛同志为总书记的党中央，针对发展中出现的新问题和新矛盾，敏锐地指出新时期巩固人民民主专政的关键在于“科学发展”。他强调“发展是解决中国问题的‘总钥匙’”，创造性地提出了科学发展观，从而丰富了社会主义的发展观的内涵。科学发展观是在分析我国发展的阶段性特征并汲取国内外发展经验的基础上提出来的，即在“发展是硬道理”“发展是党执政兴国第一要务”论断的基础上，突出了发展的“科学性”。其第一要义是发展，核心是以人为本，基本要求是全面、协调、可持续，根本方法是统筹兼顾，即统筹城乡发展、区域发展、经济社会发展、人与自然和谐发展、国内发展和对外开放，统筹中央和地方关系、统筹个人利益和集体利益、局部利益和整体利益、当前利益和长远利益，统筹国内国际两个大局。事实上，在科学发展观的指导下，中国的发展努力朝着更协调、更全面、更和谐、更为广大人民所共享的方向不断

① 《江泽民文选》第 3 卷，人民出版社 2006 年版，第 2 页。
② 《江泽民文选》第 3 卷，人民出版社 2006 年版，第 536—537 页。

前进，从而为巩固社会主义人民民主专政奠定了坚实的物质基础并创造了和谐的社会环境。

党的十八大以来，以习近平同志为核心的党中央，审时度势，以全新的视野深化对共产党执政规律和人民民主专政规律的认识，把坚持党对一切工作的领导作为巩固人民民主专政的根本保证。党的十九大明确指出："中国特色社会主义最本质的特征是中国共产党领导，中国特色社会主义制度的最大优势是中国共产党领导，党是最高政治领导力量。"[①]因此，新时代党要团结带领人民进行伟大斗争、完成伟大事业、实现伟大梦想，必须深入推进的党的建设这一新的伟大工程，即必须毫不动摇坚持和完善党的领导，毫不动摇把党建设得更加坚强有力。一是明确只有坚持"党是领导一切的"，才能有效地加强和巩固人民民主专政。中国共产党作为中国工人阶级的先锋队，作为中国人民和中华民族的先锋队，是中国社会主义事业的领导核心。截至 2018 年底，中国共产党党员总量突破 9000 万，基层党组织 461 万个，是一个组织严密、纪律严明的马克思主义政党。历史已经并将继续证明，没有共产党，就没有新中国，就没有中国特色社会主义的人民民主专政，也不可能有中华民族的伟大复兴。党的十九大明确指出："坚持党对一切工作的领导。党

---

① 习近平：《决胜全面建成小康社会　夺取新时代中国特色社会主义伟大胜利——在中国共产党第十九次全国代表大会上的报告》，人民出版社 2017 年版，第 20 页。

政军民学，东西南北中，党是领导一切的。”[①]为此，要求全党必须增强政治意识、大局意识、核心意识、看齐意识，自觉维护党中央权威和集中统一领导，自觉同党中央保持高度一致，以确保党始终总揽全局、协调各方。总之，坚持党对一切工作的领导，是由共产党的性质决定的，是历史和人民的选择，是实现人民民主专政和中华民族伟大复兴的根本保证。二是致力于全面从严治党，坚决对“老虎”、“苍蝇”和“狐狸”等毫不留情地实行专政。进入新时代，国内形势错综复杂，国际局势云谲波诡。中国共产党面临着“四大考验”和“四大危险”：即执政考验、改革开放考验、市场经济考验和外部环境考验；精神懈怠的危险、能力不足的危险、脱离群众的危险和消极腐败的危险。习近平同志常说：“打铁必须自身硬”。“中国共产党是世界上最大的政党。大就要有大的样子。实践充分证明，中国共产党能够带领人民进行伟大的社会革命，也能够进行伟大的自我革命。我们要永葆蓬勃朝气，永远做人民公仆、时代先锋、民族脊梁。全面从严治党永远在路上，不能有任何喘口气、歇歇脚的念头。”[②]党的十八大以来，党中央以零容忍的态度重拳反腐，坚定不移“打虎”“拍蝇”“猎狐”，不敢腐的目标初步

① 习近平：《决胜全面建成小康社会　夺取新时代中国特色社会主义伟大胜利——在中国共产党第十九次全国代表大会上的报告》，人民出版社 2017 年版，第 20 页。

② 习近平：《在十九届中共中央政治局常委同中外记者见面时的讲话》，2017 年 10 月 25 日，http://www.xinhuanet.com//politics/19cpcnc/2017-10/25/c_129726443.htm。

实现，不能腐的笼子越扎越牢，不想腐的堤坝正在构筑，反腐败斗争压倒性态势已经形成并巩固发展，从而，加强和巩固了人民民主专政。正如党的十九大所指出的：“我们党要始终成为时代先锋、民族脊梁，始终成为马克思主义执政党，自身必须始终过硬。全党要更加自觉地坚定党性原则，勇于直面问题，敢于刮骨疗毒，消除一切损害党的先进性和纯洁性的因素，清除一切侵蚀党的健康肌体的病毒。”[①]党中央正以“反腐败永远在路上”的坚韧和执着，“坚持无禁区、全覆盖、零容忍，坚持重遏制、强高压、长震慑，坚持受贿行贿一起查，坚决防止党内形成利益集团”[②]。只有这样，才能实现“干部清正、政府清廉、政治清明”，才能担负起巩固人民民主专政的历史重任。三是着力完善党的全面领导的制度，以有效地加强和巩固人民民主专政。要实现党对一切工作的领导，不仅要求自身干净、健康，而且更需要制度保证。为此，党的十九大明确提出了完善党的全面领导的各项制度的重大任务。既要健全党中央实行全面领导的体制机制，严格执行向党中央请示报告制度，又要深化党和国家机构改革，完善严格执行民主集中制的具体制度；既要坚持党总揽全局、协调各方的领导核心地位，又要健全党

① 习近平：《决胜全面建成小康社会　夺取新时代中国特色社会主义伟大胜利——在中国共产党第十九次全国代表大会上的报告》，人民出版社 2017 年版，第 16 页。

② 习近平：《决胜全面建成小康社会　夺取新时代中国特色社会主义伟大胜利——在中国共产党第十九次全国代表大会上的报告》，人民出版社 2017 年版，第 67 页。

和国家监督体系；等等。总之，制度建设贯穿于新时代党的建设新的伟大工程的始终。正如党的十九大所指出的："全面推进党的政治建设、思想建设、组织建设、作风建设、纪律建设，把制度建设贯穿其中。"[①]因此，只有完善的制度保证和顺畅的体制机制运转，党对一切工作的领导才能实现高效而廉洁，党才能持续团结和带领全国各族人民进行伟大的斗争，完成伟大的事业，早日实现民族复兴的伟大梦想。

总之，党的十八大以来，以习近平同志为核心的党中央科学把握国内外发展大势，顺应实践要求和人民愿望，把"坚持党对一切工作的领导"作为推进中国特色社会主义建设和巩固人民民主专政的根本保障，全面从严管党治党，推动党和国家事业发生了历史性变革，领导人民取得了改革开放和社会主义现代化建设的历史性成就。有理由相信，只要通过党建新的伟大工程能够确保党始终走在时代前列、始终成为人民民主专政的领导核心、始终成为中国人民和中华民族的主心骨，那么，中国特色社会主义道路就会越走越宽广，中华民族伟大复兴的中国梦就会如期实现，同时也将为解决人类社会发展问题贡献中国智慧和中国方案！

① 习近平：《决胜全面建成小康社会　夺取新时代中国特色社会主义伟大胜利——在中国共产党第十九次全国代表大会上的报告》，人民出版社 2017 年版，第 62 页。

附　　录

恩格斯写的 1891 年版序言

这里刊印的手稿——对纲领草案的批判以及给白拉克的附信——曾于 1875 年哥达合并代表大会召开以前不久寄给白拉克，请他转给盖布、奥尔、倍倍尔和李卜克内西过目，然后退还马克思。既然哈雷党代表大会已把关于哥达纲领的讨论提到了党的议事日程，所以我认为，如果我还不发表这个与这次讨论有关的重要的——也许是最重要的——文件，那我就要犯隐匿罪了。

但是，这个手稿还有另外的和更广泛的意义。其中第一次明确而有力地表明了马克思对拉萨尔开始从事鼓动工作以来所采取的方针的态度，而且既涉及拉萨尔的经济学原则，也涉及他的策略。

这里用以剖析纲领草案的那种无情的尖锐性，用来表述得出的结论和揭露草案缺点的那种严厉性，——这一切在 15 年以后的今天再也不会伤害任何人了。地道的拉萨尔分子只是还有个别的残余存在在国外，而哥达纲领甚至也被它的那些制定者在哈雷当做完全不能令人满意的东西放弃了。

虽然如此，我还是在内容不受影响的地方，把一些涉及个人的尖锐的词句和评语删掉了，而用省略号来代替。如果马克思今天发表这个手稿，他自己也会这样做的。手稿中有些地方语气很激烈，这是由下述两种情况引起的：第一，马克思和我同德国运动的关系，比同其他任何一国运动的关系都更为密切；因此这个纲领草案中所表现的明显的退步，不能不使我们感到特别愤慨。第二，那时国际海牙代表大会闭幕才两年，我们正在同巴枯宁和他的无政府主义派进行最激烈的斗争，他们要我们对德国工人运动中发生的一切负责；因而我们不得不预先想到，他们也会把我们说成是这个纲领的秘密制定者。这些顾虑现在已经消失，保留有关词句的必要性也就随之消失。

还由于新闻出版法的缘故，有些语句也只用省略号暗示出来。在我不得不选用比较缓和的说法的地方，加上了方括号。其他地方都按手稿付印。

弗·恩格斯

1891 年 1 月 6 日于伦敦

弗·恩格斯写于 1891 年 1 月 6 日
载于 1890—1891 年《新时代》
杂志第 9 年卷第 1 册第 18 期

原文是德文
选自《马克思恩格斯选集》第
3 版第 3 卷第 352—353 页

给威廉·白拉克的信

1875年5月5日于伦敦

亲爱的白拉克：

下面对合并纲领的批判性批注，请您阅后转交盖布和奥尔、倍倍尔和李卜克内西过目。**注意：手稿必须退还给您**，以便我必要时使用。[①]我工作太忙，已经不得不远远超过医生给我限定的工作量。所以，写这么长的东西，对我来说决不是一种"享受"。但是，为了使党内朋友们（这个通知就是为他们写的）以后不致误解我不得不采取的步骤，这是必要的。

这里指的是，在合并大会以后，恩格斯和我将要发表一个简短的声明，内容是：我们同上述原则性纲领毫不相干，同它没有任何关系。[②]

这样做是必要的，因为在国外有一种为党的敌人所热心支持的见解——一种完全荒谬的见解，仿佛我们从这里秘密地操纵所谓爱森纳赫党的运动。例如巴枯宁还在他新近出版的一本俄文著作[③]中要我不仅为这个党的所有纲领等等负责，甚至

① 这句话在马克思手稿中写在信头上，并标上一个符号+。1891年发表时没有这句话。——编者注

② 1891年发表时删去了这段话。——编者注

③ 指米·巴枯宁 1873 年在瑞士用俄文出版的《国家制度和无政府状态》。——编者注

要为李卜克内西自从和人民党合作以来所采取的每一个步骤负责。[①]

此外，我的义务也不容许我哪怕用外交式的沉默来承认一个我认为极其糟糕的、会使党精神堕落的纲领。

一步实际运动比一打纲领更重要。所以，既然不可能——而局势也不容许这样做——**超过**爱森纳赫纲领，那就干脆缔结一个反对共同敌人的行动协定。但是，制定一个原则性纲领（应该把这件事推迟到由较长时间的共同工作准备好了的时候），这就是在全世界面前树立起可供人们用来衡量党的运动水平的里程碑。

拉萨尔派的首领们靠拢我们，是因为他们为形势所迫。如果一开始就向他们声明，决不拿原则做交易，那么他们就**不得不**满足于一个行动纲领或共同行动的组织计划。可是并没有这样做，反而允许他们拿着委托书来出席，并且自己承认这种委托书是有约束力的，这就等于向那些本身需要援助的人无条件投降。不仅如此，他们甚至在**妥协代表大会以前**又召开一次代表大会，而自己的党却在**事后**才召开自己的代表大会。人们显然是想回避一切批评，不让自己的党有一个深思的机会。[②]大家知道，合并这一事实本身是使工人感到满意的；但是，如果有人以为这种一时的成功不是用过高的代价换来的，那他就错了。

---

① 1891 年发表时删去了"不仅"二字和"甚至……负责"这半句话。——编者注

② 1891 年发表时删去了这句话。——编者注

况且，撇开把拉萨尔的信条奉为神圣这一点不谈，这个纲领也是完全要不得的。

我将在最近把《资本论》法文版的最后几分册寄给您。排印工作因法国政府禁止而耽搁了很久。在本星期内或下星期初本书可以印完。前六分册您收到了没有？请把伯恩哈德·贝克尔的**地址**也告诉我，我也要把最后几分册寄给他。[①]

人民国家报出版社有自己的习惯。例如到现在为止连一本新版的《科隆共产党人案件》[②]也没有给我寄来。

致衷心的问候。

您的卡尔·马克思

卡尔·马克思写于1875年5月5日
载于1890—1891年《新时代》杂志第9年卷第1册第18期

原文是德文
选自《马克思恩格斯选集》第3版第3卷第354—356页

① 1891年发表时删去了这段话。——编者注

② 指马克思《揭露科隆共产党人案件》1875年第2版，见《马克思恩格斯全集》中文第2版第11卷。——编者注

德国工人党纲领批注

一

1.“劳动是一切财富和一切文化的源泉，而因为有益的劳动只有在社会中和通过社会才是可能的，所以劳动所得应当不折不扣和按照平等的权利属于社会一切成员。”

本段第一部分：“劳动是一切财富和一切文化的源泉。”

劳动**不是**一切财富的**源泉**。**自然界**同劳动一样也是使用价值（而物质财富就是由使用价值构成的！）的源泉，劳动本身不过是一种自然力即人的劳动力的表现。上面那句话在一切儿童识字课本里都可以找到，并且**在**劳动具备相应的对象和资料的**前提下**是正确的。可是，一个社会主义的纲领不应当容许这种资产阶级的说法回避那些唯一使这种说法具有意义的**条件**。只有一个人一开始就以所有者的身份来对待自然界这个一切劳动资料和劳动对象的第一源泉，把自然界当作属于他的东西来处置，他的劳动才成为使用价值的源泉，因而也成为财富的源泉。资产者有很充分的理由硬给劳动加上一种**超自然的创造力**，因为正是由于劳动的自然制约性产生出如下的情况：一个除自己的劳动力以外没有任何其他财产的人，在任何社会的和文化的状态中，都不得不为另一些已经成了劳动的物质条件的所有者的人做奴隶。他只有得到他们的允许才能劳动，因而只有得到他们的允许才能生存。

现在不管这句话有什么毛病，我们且把它放在一边。那么结论应当怎样呢？显然应当是：

“因为劳动是一切财富的源泉，所以社会中的任何人不占有劳动产品就不能占有财富。因此，如果他自己不劳动，他就是靠别人的劳动生活，而且也是靠别人的劳动获得自己的文化。”

可是并没有这样做，反而借助于“**而因为**”这样的字眼硬接上第二句话，以便从第二句，而不是从第一句作出结论来。

本段第二部分：“有益的劳动只有在社会中和通过社会才是可能的。”

按照第一句话，劳动是一切财富和一切文化的源泉，就是说，任何社会都不能离开劳动。相反地，我们现在却看到，任何“有益的”劳动都不能离开社会。

那么同样可以说，只有在社会中，无益的、甚至有损公益的劳动才能成为一种行业，只有在社会中才能游手好闲过日子，如此等等，——一句话，可以抄袭卢梭的全部著作了。

而什么是“有益的”劳动呢？那只能是产生预期的有益结果的劳动。一个蒙昧人（而人在他已不再是猿以后就是蒙昧人）用石头击毙野兽，采集果实等等，就是进行“有益的”劳动。

第三，结论：“而因为有益的劳动只有在社会中和通过社会才是可能的，所以劳动所得应当不折不扣和按照平等的权利属于社会一切成员。”

多妙的结论！既然有益的劳动只有在社会中和通过社会才是可能的，劳动所得就应当属于社会，其中只有不必用来维持劳动“条件”即维持社会的那一部分，才归各个劳动者所得。

事实上，这个论点在一切时代都被**当时的社会制度的先驱**[1]提出过。首先要满足政府以及依附于它的各个方面的要求，因为政府是维持社会秩序的社会机关；其次要满足各种私有者[2]的要求，因为各种私有财产是社会的基础，如此等等。你们看，这些空洞的词句是随便怎么摆弄都可以的。

本段第一和第二两部分只有像下面这样说才能有些合乎情理的联系：

“劳动只有作为社会的劳动”，或者换个说法，“只有在社会中和通过社会”，“才能成为财富和文化的源泉”。

这个论点无可争辩地是正确的，因为孤立的劳动（假定它的物质条件是具备的）即使能创造使用价值，也既不能创造财富，又不能创造文化。

但是另一个论点也是同样无可争辩的：

“随着劳动的社会性的发展，以及由此而来的劳动之成为财富和文化的源泉，劳动者方面的贫穷和愚昧、非劳动者方面的财富和文化也发展起来。”

这是直到目前的全部历史的规律。因此，不应当泛泛地谈

① 1891年发表时这里是“捍卫者”。——编者注

② 1891年发表时这里是“私有财产”。——编者注

论“**劳动**”和“**社会**”，而应当在这里清楚地证明，在现今的资本主义社会中怎样最终创造了物质的和其他的条件，使工人能够并且不得不铲除这个历史祸害[①]。

实际上，把这整个行文和内容都不妥当的条文放在这里，只不过是为了把拉萨尔的“不折不扣的劳动所得”作为口号写在党旗的上方。以后我还要回过来谈“劳动所得”、“平等的权利”等等，因为同样的东西在下面又以稍微不同的形式重复出现。

> 2.“在现代社会，劳动资料为资本家阶级所垄断；由此造成的工人阶级的依附性是一切形式的贫困和奴役的原因。”

这段从国际章程中抄来的话，经过这番“修订”就变成错误的了。[②]

在现代社会，劳动资料为土地所有者和资本家所垄断（地产的垄断甚至是资本垄断的基础）。无论是前一个或者后一个垄断者阶级，国际章程在有关条文中都没有提到。它谈到的是“**劳动资料即生活源泉的垄断**”。“生活源泉”这一补充语充分表明，劳动资料也包括土地。

作这种修订，是因为拉萨尔由于现在大家都知道的原因**仅**

① 1891 年发表时这里是“社会祸害”。——编者注

② 国际工人协会临时章程中的原话是：劳动者在经济上受劳动资料即生活源泉的垄断者的支配，是一切形式的奴役即一切社会贫困、精神屈辱和政治依附的基础。——编者注

仅攻击资本家阶级，而不攻击土地所有者。在英国，资本家甚至多半不是他的工厂所在的那块土地的所有者。

3. “劳动的解放要求把劳动资料提高为社会的公共财产，要求集体调节总劳动并公平分配劳动所得。”

“把劳动资料提高为公共财产”！应当是说把它们“变为公共财产”。这不过是顺便提一句罢了。

什么是“**劳动所得**”呢？是劳动的产品呢，还是产品的价值？如果是后者，那么，是产品的总价值呢，或者只是劳动新加在消耗掉的生产资料的价值上的那部分价值？

“劳动所得”是拉萨尔为了代替明确的经济学概念而提出的一个模糊观念。

什么是“公平的”分配呢？

难道资产者不是断言今天的分配是“公平的”吗？难道它事实上不是在现今的生产方式基础上唯一“公平的”分配吗？难道经济关系是由法的概念来调节，而不是相反，从经济关系中产生出法的关系吗？难道各种社会主义宗派分子关于“公平的”分配不是也有各种极不相同的观念吗？

为了弄清楚“公平的分配”一语在这里是什么意思，我们必须把第一段和本段对照一下。本段设想的是这样一个社会，在那里“劳动资料是公共财产，总劳动是由集体调节的”，而在第一段我们则看到，“劳动所得应当不折不扣和按照平等的权利属于社会一切成员”。

“属于社会一切成员”？也属于不劳动的成员吗？那么“不折不扣的劳动所得”又在哪里呢？只属于社会中劳动的成员吗？那么社会一切成员的“平等的权利”又在哪里呢？

“社会一切成员”和“平等的权利”显然只是些空话。问题的实质在于：在这个共产主义社会中，每个劳动者都应当得到拉萨尔的“不折不扣的劳动所得”。

如果我们把“劳动所得”这个用语首先理解为劳动的产品，那么集体的劳动所得就是**社会总产品**。

现在从它里面应当扣除：

第一，用来补偿消耗掉的生产资料的部分。

第二，用来扩大生产的追加部分。

第三，用来应付不幸事故、自然灾害等的后备基金或保险基金。

从“不折不扣的劳动所得”中扣除这些部分，在经济上是必要的，至于扣除多少，应当根据现有的物资和力量来确定，部分地应当根据概率计算来确定，但是这些扣除无论如何根据公平原则是无法计算的。

剩下的总产品中的另一部分是用来作为消费资料的。

在把这部分进行个人分配之前，还得从里面扣除：

第一，同生产没有直接关系的一般管理费用。

同现代社会比起来，这一部分一开始就会极为显著地缩减，并随着新社会的发展而日益减少。

第二，用来满足共同需要的部分，如学校，保健设施等。

同现代社会比起来，这一部分一开始就会显著地增加，并随着新社会的发展而日益增长。

第三，为丧失劳动能力的人等等设立的基金，总之，就是现在属于所谓官办济贫事业的部分。

只有现在才谈得上纲领在拉萨尔的影响下狭隘地专门注意的那种“分配”，就是说，才谈得上在集体中的各个生产者之间进行分配的那部分消费资料。

“不折不扣的劳动所得”已经不知不觉地变成“有折有扣的”了，虽然从一个处于私人地位的生产者身上扣除的一切，又会直接或间接地用来为处于社会成员地位的这个生产者谋利益。

正如“不折不扣的劳动所得”一语消失了一样，现在“劳动所得”一语本身也在消失。

在一个集体的、以生产资料公有为基础的社会中，生产者不交换自己的产品；用在产品上的劳动，在这里也不表现为这些产品的**价值**，不表现为这些产品所具有的某种物的属性，因为这时，同资本主义社会相反，个人的劳动不再经过迂回曲折的道路，而是直接作为总劳动的组成部分存在着。于是，“劳动所得”这个由于含义模糊就是现在也不能接受的用语，便失去了任何意义。

我们这里所说的是这样的共产主义社会，它不是在它自身基础上已经**发展了**的，恰好相反，是刚刚从资本主义社会中**产生出来的**，因此它在各方面，在经济、道德和精神方面都还带着它脱胎出来的那个旧社会的痕迹。所以，每一个生产者，在作了各项扣除以后，从社会领回的，正好是他给予社会的。他给予社会的，就是他个人的劳动量。例如，社会劳动日是由全部个人劳动小时构成的；各个生产者的个人劳动时间就是社会劳动日中他所提供的部分，就是社会劳动日中他的一份。他从社会领得一张凭证，证明他提供了多少劳动（扣除他为公共基金而进行的劳动），他根据这张凭证从社会储存中领得一份耗费同等劳动量的消费资料。他以一种形式给予社会的劳动量，又以另一种形式领回来。

显然，这里通行的是调节商品交换（就它是等价的交换而言）的同一原则。内容和形式都改变了，因为在改变了的情况下，除了自己的劳动，谁都不能提供其他任何东西，另一方面，除了个人的消费资料，没有任何东西可以转为个人的财产。至于消费资料在各个生产者中间的分配，那么这里通行的是商品等价物的交换中通行的同一原则，即一种形式的一定量劳动同另一种形式的同量劳动相交换。

所以，在这里**平等的权利**按照原则仍然是**资产阶级权利**，虽然原则和实践在这里已不再互相矛盾，而在商品交换中，等价物的交换只是**平均来说**才存在，不是存在于每个个别场合。

虽然有这种进步，但这个**平等的权利**总还是被限制在一个资产阶级的框框里。生产者的权利是同他们提供的劳动**成比例的**；平等就在于以同一尺度——劳动——来计量。但是，一个人在体力或智力上胜过另一个人，因此在同一时间内提供较多的劳动，或者能够劳动较长的时间；而劳动，要当作尺度来用，就必须按照它的时间或强度来确定,不然它就不成其为尺度了。这种**平等**的权利，对不同等的劳动来说是不平等的权利。它不承认任何阶级差别，因为每个人都像其他人一样只是劳动者；但是它默认，劳动者的不同等的个人天赋，从而不同等的工作能力，是天然特权。**所以就它的内容来讲，它像一切权利一样是一种不平等的权利。**权利，就它的本性来讲，只在于使用同一尺度；但是不同等的个人（而如果他们不是不同等的，他们就不成其为不同的个人）要用同一尺度去计量，就只有从同一个角度去看待他们，从一个**特定的**方面去对待他们，例如在现在所讲的这个场合，把他们**只当作劳动者**，再不把他们看作别的什么，把其他一切都撇开了。其次，一个劳动者已经结婚，另一个则没有；一个劳动者的子女较多，另一个的子女较少，如此等等。因此，在提供的劳动相同、从而由社会消费基金中分得的份额相同的条件下，某一个人事实上所得到的比另一个人多些，也就比另一个人富些，如此等等。要避免所有这些弊病，权利就不应当是平等的，而应当是不平等的。

但是这些弊病，在经过长久阵痛刚刚从资本主义社会产生出来的共产主义社会第一阶段，是不可避免的。权利决不能超出社会的经济结构以及由经济结构制约的社会的文化发展。

在共产主义社会高级阶段，在迫使个人奴隶般地服从分工的情形已经消失，从而脑力劳动和体力劳动的对立也随之消失之后；在劳动已经不仅仅是谋生的手段，而且本身成了生活的第一需要之后；在随着个人的全面发展，他们的[①]生产力也增长起来，而集体财富的一切源泉都充分涌流之后，——只有在那个时候，才能完全超出资产阶级权利的狭隘眼界，社会才能在自己的旗帜上写上：各尽所能，按需分配！

我较为详细地一方面谈到“不折不扣的劳动所得”，另一方面谈到“平等的权利”和“公平的分配”，是为了指出这些人犯了多么大的罪，他们一方面企图把那些在某个时期曾经有一些意义，而现在已变成陈词滥调的见解作为教条重新强加于我们党，另一方面又用民主主义者和法国社会主义者所惯用的、凭空想象的关于权利等等的废话，来歪曲那些花费了很大力量才灌输给党而现在已在党内扎了根的现实主义观点。

除了上述一切之外，在所谓**分配**问题上大做文章并把重点放在它上面，那也是根本错误的。

消费资料的任何一种分配，都不过是生产条件本身分配的结果；而生产条件的分配，则表现生产方式本身的性质。例如，资本主义生产方式的基础是：生产的物质条件以资本和地产的形式掌握在非劳动者手中，而人民大众所有的只是生产的人身条件，即劳动力。既然生产的要素是这样分配的，那么自然就产生现在这样的消费资料的分配。如果生产的物质条件是劳动者自己的集体财产，那么同样要产生一种和现在不同的消费资料的分配。庸俗的社会主义仿效资产阶级经济学家（一部分民

① 1891年发表时这里没有“他们的”。——编者注

主派又仿效庸俗社会主义）把分配看成并解释成一种不依赖于生产方式的东西，从而把社会主义描写为主要是围绕着分配兜圈子。既然真实的关系早已弄清楚了，为什么又要开倒车呢？

4. “劳动的解放应当是工人阶级的事情，对它说来，其他一切阶级只是反动的一帮。”

前一句是从国际章程的导言中抄来的，但是经过了“修订”。那里写道：“工人阶级的解放应当是工人自己的事情”①；这里却说“工人阶级”应当解放——解放什么？——“劳动”。谁能理解，就让他去理解吧。

另一方面，作为补偿，后一句引用了地道的拉萨尔的话：“对它（工人阶级）说来，其他一切阶级只组成**反动的一帮**。”

在《共产党宣言》中写道：“在当前同资产阶级对立的一切阶级中，只有无产阶级是**真正革命的阶级**。其余的阶级都随着大工业的发展而日趋没落和灭亡，无产阶级却是大工业本身的产物。”②

资产阶级，作为大工业的体现者，对封建主和中间等级说来，在这里是被当作革命阶级看待的，而封建主和中间等级力求保持过时的生产方式所创造的一切社会阵地。所以他们并不是**同资产阶级一起**只组成反动的一帮。

① 国际章程导言中的原话是：工人阶级的解放应该由工人阶级自己去争取。见《马克思恩格斯全集》第 16 卷第 15 页。——编者注

② 见本选集第 1 卷第 282 页。——编者注

另一方面，无产阶级对资产阶级说来是革命的，因为无产阶级本身是在大工业基地上成长起来的，它力求使生产摆脱资产阶级企图永远保存的资本主义性质。但是，《宣言》又补充说："中间等级……是革命的，那是鉴于他们行将转入无产阶级的队伍"。

所以，从这个观点看来，说什么对工人阶级说来，中间等级"同资产阶级一起"并且加上封建主"只组成反动的一帮"，这也是荒谬的。

难道在最近这次选举中有人向手工业者、小工业家等等以及**农民**说过：对我们说来，你们同资产者和封建主一起只组成反动的一帮吗？

拉萨尔熟知《共产党宣言》，就像他的信徒熟知他写的福音书一样。他这样粗暴地歪曲《宣言》，不过是为了粉饰他同专制主义者和封建主义者这些敌人结成的反资产阶级联盟。

此外，在上面这一段，他的格言是勉强塞进去的，它同那句从国际章程中摘来但被歪曲了的引语毫不相干。这纯粹是一种狂妄无耻的做法，而且绝对不是俾斯麦先生所不喜欢的，这是柏林的马拉所干的廉价的蛮横行径之一。

> 5. "工人阶级为了本身的解放，首先是在**现代民族国家的范围**内进行活动，同时意识到，它的为一切文明国家的工人所共有的那种努力必然产生的结果，将是各民族的国际的兄弟联合。"

同《共产党宣言》和先前的一切社会主义相反，拉萨尔从最狭隘的民族观点来理解工人运动。有人竟在这方面追随他，而且这是在国际进行活动以后！

不言而喻，为了能够进行斗争，工人阶级必须在国内**作为阶级**组织起来，而且它的直接的斗争舞台就是本国。所以，它的阶级斗争不就内容来说，而像《共产党宣言》所指出的“就形式来说”，是本国范围内的斗争。但是，“现代民族国家的范围”，例如德意志帝国，本身又在经济上处在“世界市场的范围内”，在政治上“处在国家体系的范围内”。任何一个商人都知道德国的贸易同时就是对外贸易，而俾斯麦先生的伟大恰好在于他实行一种**国际的**政策。

而德国工人党把自己的国际主义归结为什么呢？就是意识到它的努力所产生的结果“将是**各民族的国际的兄弟联合**”。这句从资产阶级的和平和自由同盟那里抄来的话，是要用来代替各国工人阶级在反对各国统治阶级及其政府的共同斗争中的国际兄弟联合的。这样，**关于**德国工人阶级的**国际职责**竟一字不提！德国工人阶级竟然应当这样去对付为反对它而已经同其他一切国家的资产者实现兄弟联合的本国资产阶级，对付俾斯麦先生的国际阴谋政策！

实际上，这个纲领的国际信念，比自由贸易派的国际信念**还差得难以估量**。自由贸易派也说，它的努力所产生的结果是“各民族的国际的兄弟联合”。但是它还做一些事使贸易成为国际性的，而决不满足于意识到一切民族只在本国从事贸易。

各国工人阶级的国际活动绝对不依赖于**“国际工人协会”**

的存在。"国际工人协会"只是为这种活动创立一个中央机关的第一个尝试；这种尝试由于它所产生的推动力而留下了不可磨灭的成绩，但是在巴黎公社失败之后，已经不能再以**它的第一个历史形态**继续下去了。

俾斯麦的《北德报》为了使其主子满意，宣称德国工人党在新纲领中放弃了国际主义，这倒是完全说对了。

二

> "德国工人党从这些原则出发，用一切合法手段去争取建立**自由国家**——和——社会主义社会：废除工资制度**连同铁的工资规律**——和——任何形式的剥削，消除一切社会的和政治的不平等。"

关于"自由"国家，我后面再讲。

这样，德国工人党将来就必须信奉拉萨尔的"铁的工资规律"了！为了不让它埋没掉，竟胡说什么"废除工资制度（应当说：雇佣劳动制度）**连同**铁的工资规律"。如果我废除了雇佣劳动，我当然也就废除了它的规律，不管这些规律是"铁的"还是海绵的。但是拉萨尔反对雇佣劳动的斗争几乎只是围绕着这个所谓的规律兜圈子。所以，为了证明拉萨尔宗派已经获得胜利，应当废除"工资制度**连同**铁的工资规律"，而不是不连同后者。

大家知道，在"铁的工资规律"中，除了从歌德的"永恒的、铁的、伟大的规律”中抄来的“铁的”这个词以外，没有什么东西是拉萨尔的。**“铁的”**这个词是正统的信徒们借以互相识别的一个标记。但是，如果我接受带有拉萨尔印记因而是拉萨尔所说的意义上的规律，我就不得不连同他的论据一起接受下来。这个论据是什么呢？正如朗格在拉萨尔死后不久所表明的，这就是（朗格自己宣扬的）马尔萨斯的人口论。但是，如果这个理论是正确的，那么，我即使把雇佣劳动废除一百次，也还废除**不了**这个规律，因为在这种情况下，这个规律不仅支配着雇佣劳动制度，而且支配着**一切**社会制度。经济学家们五十多年以来正是以此为根据证明，社会主义不能消除**自然本身造成的**贫困，而只能使它**普遍化**，使它同时分布在社会的整个表面上！

但是，这一切都不是主要的。**完全撇开**拉萨尔对这个规律的**错误**表述不谈，真正令人气愤的退步在于：

自从拉萨尔死后，在**我们**党内，这样一种科学见解已经给自己开辟了道路，就是**工资**不是它**表面上呈现的**那种东西，不是**劳动的价值**或**价格**，而只是**劳动力的价值**或**价格**的隐蔽形式。这样，过去关于工资的全部资产阶级见解以及对这种见解的全部批评都被彻底推翻了，并且弄清了：雇佣工人只有为资本家（因而也为同资本家一起分享剩余价值的人）白白地劳动一定的时间，才被允许为维持自己的生活而劳动，就是说，才被允许**生存**；整个资本主义生产体系的中心问题，就是用延长工作日，或者提高生产率，增强劳动力的紧张程度等等办法，来增加这个无偿劳动；因此，雇佣劳动制度是奴隶制度，而且劳动的社会生产力越发展，这种奴隶制度就越残酷，不管工人得到的报酬较好或是较坏。而现在，当这个见解在我们党内越来越给自己开辟出道路的时候，竟有人倒退到拉萨尔的教条那里去，虽然他们应当知道，拉萨尔并**不懂得**什么是工资，而是跟着资产阶级经济学家把事物的外表当作事物的本质。

这正像奴隶们终于发现了自己受奴役的秘密而举行起义时，其中有一个为陈旧观念所束缚的奴隶竟在起义的纲领上写道：奴隶制度必须废除，因为在奴隶制度下，奴隶的给养最多不能超过某个非常低的标准！

我们党的代表们竟如此粗暴地践踏这个在党员群众中广泛传播的见解，仅仅这一事实岂不就证明了他们在草拟妥协纲领时是多么令人不能容忍地轻率，多么无耻！

本段末尾“消除一切社会的和政治的不平等”这一不明确的语句，应当改成：随着阶级差别的消灭，一切由这些差别产生的社会的和政治的不平等也自行消失。

三

> “为了替社会问题的解决开辟道路，德国工人党要求在劳动人民的民主监督下，依靠国家帮助建立生产合作社。在工业和农业中，生产合作社必须广泛建立，以致能从它们里面产生总劳动的社会主义的组织。”

在拉萨尔的“铁的工资规律”之后，就是这个先知提出的救世良方！“道路”确实“开辟”得不错！现存的阶级斗争被换上了拙劣的报刊作家的空话——要“开辟道路”来“**解决**”的“社会**问题**”。“总劳动的社会主义的组织”不是从社会的革命转变过程中，而是从国家给予生产合作社的“国家帮助”中“产生”的，并且这些生产合作社是由**国家**而不是由工人“**建立**”的。这真不愧为拉萨尔的幻想：靠国家贷款能够建设一个新社会，就像能够建设一条新铁路一样！

由于还知道一点羞耻，于是就把“国家帮助”置于——“劳动人民的民主监督下”。

第一，德国的“劳动人民”大多数是农民而不是无产者。

第二，“民主的”这个词在德语里意思是“人民当权的”。什么是“劳动人民的人民当权的监督”呢？何况所说的是这样的劳动人民，他们通过向国家提出的这些要求表明，他们充分意识到自己既没有当权，也没有成熟到当权的程度！

在这里深入批评毕舍在路易-菲力浦时代为了**对付**法国社会主义者而开列的、被《工场》派的反动工人所采用的药方，那是多余的。主要的过失不在于把这个特殊的万灵药方写入了纲领，而在于从阶级运动的立场完全退到宗派运动的立场。

如果说工人们想要在社会的范围内，首先是在本国的范围内创造合作生产的条件，这只是表明，他们力争变革现存的生产条件，而这同靠国家帮助建立合作社毫无共同之处！至于现有的合作社，它们**只是**在工人自己独立创办，既不受政府保护，也不受资产者保护的情况下，才有价值。

四

现在我来谈民主的一节。

A. "国家的自由的基础。"

首先，照第二节的说法，德国工人党争取建立"自由国家"。

自由国家，这是什么东西?

使国家变成"自由的"，这决不是已经摆脱了狭隘的臣民见识的工人的目的。在德意志帝国，"国家"几乎同在俄国一样地"自由"。自由就在于把国家由一个高踞社会之上的机关变成完全服从这个社会的机关；而且就在今天，各种国家形式比较自由或比较不自由，也取决于这些国家形式把"国家的自由"限制到什么程度。

德国工人党——至少是当它接受了这个纲领的时候——表明：它对社会主义思想领会得多么肤浅，它不把现存社会（对任何未来社会也是一样）当作现存**国家的**（对未来社会来说是未来国家的）**基础**，反而把国家当作一种具有自己的"**精神的、道德的、自由的基础**"的独立存在物。

而且纲领还荒谬地滥用了**"现代国家"**、**"现代社会"**等字眼，甚至更荒谬地误解了向之提出自己要求的那个国家!

"现代社会"就是存在于一切文明国度中的资本主义社会，它或多或少地摆脱了中世纪的杂质，或多或少地由于每个国度的特殊的历史发展而改变了形态，或多或少地有了发展。“现代国家”却随国境而异。它在普鲁士德意志帝国同在瑞士不一样，在英国同在美国不一样。所以，“现代国家”是一种虚构。

但是，不同的文明国度中的不同的国家，不管它们的形式如何纷繁，却有一个共同点：它们都建立在现代资产阶级社会的基础上，只是这种社会的资本主义发展程度不同罢了。所以，它们具有某些根本的共同特征。在这个意义上可以谈“现代国家制度”，而未来就不同了，到那时“现代国家制度”现在的根基即资产阶级社会已经消亡了。

于是就产生了一个问题：在共产主义社会中国家制度会发生怎样的变化呢？换句话说，那时有哪些同现在的国家职能相类似的社会职能保留下来呢？这个问题只能科学地回答：否则，即使你把“人民”和“国家”这两个词联接一千次，也丝毫不会对这个问题的解决有所帮助。

在资本主义社会和共产主义社会之间，有一个从前者变为后者的革命转变时期。同这个时期相适应的也有一个政治上的过渡时期，这个时期的国家只能是**无产阶级的革命专政**。

但是，这个纲领既不谈无产阶级的革命专政，也不谈未来共产主义社会的国家制度。

纲领的政治要求除了人所共知的民主主义的陈词滥调，如普选权、直接立法、人民权利、国民军等等，没有任何其他内容。这纯粹是资产阶级的人民党、和平和自由同盟的回声。所有这些要求，只要不是靠幻想夸大了的，都已经**实现了**。不过实现了这些要求的国家不是在德意志帝国境内，而是在瑞士、美国等等。这类“未来国家”就是**现代国家**，虽然它是存在于德意志帝国的“范围”以外。

但是他们忘记了一点。既然德国工人党明确地声明，它是在“现代民族国家”内，就是说，是在自己的国家即普鲁士德意志帝国内进行活动，——否则，它的大部分要求就没有意义了，因为人们只要求他们还没有的东西，——那么，它就不应当忘记主要的一点，就是说，这一切美妙的玩意儿都建立在承认所谓人民自主权的基础上，所以它们只有在**民主共和国**内才是适宜的。

既然他们没有勇气[①]像法国工人纲领在路易-菲力浦和路易-拿破仑时代那样要求民主共和国，——而这是明智的，因为形势要求小心谨慎，——那就不应当采取这个既不“诚实”也不体面的[②]手法：居然向一个以议会形式粉饰门面、混杂着封建残余、同时已经受到资产阶级影响、按官僚制度组成、以警察来保护的军事专制国家，要求只有在民主共和国里才有意义的东西，并且还向这个国家庄严地保证，他们认为能够“用合法手段”从它那里争得这类东西！[③]

庸俗民主派把民主共和国看作千年王国，他们完全没有想到，正是在资产阶级社会的这个最后的国家形式里阶级斗争要

① 1891 年发表时这里是“既然他们不可能”。——编者注

② 1891 年发表时删去了“既不‘诚实’也不体面的”这几个字。——编者注

③ 1891 年发表时删去了“并且……这类东西!”这半句话。——编者注

进行最后的决战，——就连这样的庸俗民主派也比这种局限于为警察所容许而为逻辑所不容许的范围内的民主主义高明得多。

事实上，他们是把“国家”理解为政府机器，或者理解为构成一个由于分工而同社会分离的独特机体的国家，这可以从下面的话得到证明：“德国工人党提出下列要求**作为国家的经济的基础**：……变纳单一的累进所得税……”赋税是政府机器的经济的基础，而不是其他任何东西的经济的基础。在存在于瑞士的“未来国家”里，这种要求差不多已经实现了。所得税是以不同社会阶级的不同收入来源为前提，因而是以资本主义社会为前提。所以，利物浦的财政改革派——以格莱斯顿的弟弟为首的资产者——提出和这个纲领相同的要求，这是不足为奇的。

> B. “德国工人党提出下列要求作为国家的精神的和道德的基础：
>
> 1. 由国家实行普遍的和**平等的国民教育**。实行普遍的义务教育。实行免费教育。”

平等的国民教育？他们怎样理解这句话呢？是不是以为在现代社会中（而所谈到的只能是现代社会）教育对一切阶级都可以是**平等的**呢？或者是要求用强制的方式使上层阶级也降到国民学校这种很低的教育水平，即降到仅仅适合于雇佣工人甚至农民的经济状况的教育水平呢？

“实行普遍的义务教育。实行免费教育。”前者甚至存在于德国，后者就国民学校来说存在于瑞士和美国。如果说，在美国的几个州里，“高一级的”学校也是“免费的”，那么，事实上这不过是从总税收中替上层阶级支付了教育费用而已。顺便指出，A 项第 5 条所要求的“实行免费诉讼”也是如此。刑事诉讼到处都是免费的；而民事诉讼几乎只涉及财产纠纷，因而几乎只同有产阶级有关。难道他们应当用人民的金钱来打官司吗？

在关于学校的一段中，至少应当把技术学校（理论的和实践的）同国民学校联系起来提出。

“由国家实行国民教育”是完全要不得的。用一般的法律来确定国民学校的经费、教员资格、教学科目等等，并且像美国那样由国家视察员监督这些法律规定的实施，这同指定国家为人民的教育者完全是两回事！相反地，应当把政府和教会对学校的任何影响都同样排除掉。在普鲁士德意志帝国（他们会说，他们谈的是“未来国家”，但是这种空洞的遁辞也无济于事；我们已经看到，这是怎样一回事了），倒是需要由人民对国家进行极严厉的教育。

但是整个纲领，尽管满是民主的喧嚣，却彻头彻尾地感染了拉萨尔宗派对国家的忠顺信仰，或者说感染了并不比前者好一些的对民主奇迹的信仰，或者说得更正确些，整个纲领是这两种对奇迹的信仰的妥协，这两种信仰都同样远离社会主义。

“科学自由”——普鲁士宪法中有一条就是这样写的。为什么把它写在这里呢？

“信仰自由”！如果现在，在进行文化斗争的时候，要想提醒自由主义者记住他们的旧口号，那么只有采用下面这样的形式才行：每一个人都应当有可能满足自己的宗教需要，就像满足自己的肉体需要一样[①]，不受警察干涉。但是，工人党本来应当乘此机会说出自己的看法：资产阶级的“信仰自由”不过是容忍各种各样的**宗教信仰自由**而已，工人党则力求把信仰从宗教的妖术中解放出来。但是他们不愿越过“资产阶级的”水平。

现在我就要讲完了，因为纲领中接下去的附带部分不是纲领的**重要**组成部分。所以我在这里只简单地谈一谈。

2. “正常的工作日。”

其他任何国家的工人党都没有局限于这种含糊的要求，而总是明确地指出，在当前条件下多长的工作日是正常的。

3. “限制妇女劳动和禁止儿童劳动。”

如果限制妇女劳动指的是工作日的长短和工间休息等等，那么工作日的正常化就应当已经包括了这个问题；否则，限制妇女劳动只能意味着在那些对妇女身体特别有害或者对女性来说违反道德的劳动部门中禁止妇女劳动。如果指的是这一点，

① 1891 年发表时这里是“满足自己的宗教需要……”——编者注

那就应当说清楚。

“禁止儿童劳动”！这里绝对必须指出**年龄界限**。

普遍禁止儿童劳动是同大工业的存在不相容的，所以这是空洞的虔诚的愿望。

实行这一措施——如果可能的话——是反动的，因为在按照不同的年龄阶段严格调节劳动时间并采取其他保护儿童的预防措施的条件下，生产劳动和智育的早期结合是改造现代社会的最强有力的手段之一。

4. “对工厂工业、作坊工业和家庭工业实行国家监督。”

在普鲁士德意志这样一个国家里，应当明确地要求：工厂视察员只有经过法庭才能撤换；每个工人都可以向法庭告发视察员的失职行为；视察员必须是医生。

5. “调整监狱劳动。”

在一个一般性的工人纲领里面，这是一种微不足道的要求。无论如何应当明白说出，工人们不愿意由于担心竞争而让一般犯人受到牲畜一样的待遇，特别是不愿意使他们失掉改过自新的唯一手段即生产劳动。这是应当期望于社会主义者的最低限度的东西。

6. “实行有效的责任法。”

应当说明，“有效的”责任法是什么意思。

顺便指出，在正常的工作日这一条中，忽略了工厂立法中关于卫生设施和安全措施等等那一部分。只有当这些规定遭到破坏时，责任法才发生效力。

总之，这一附带部分也是写得很草率的。[①]

我已经说了，我已经拯救了自己的灵魂。

大约写于 1875 年 4 月底—最迟 5 月 7 日
载于 1890—1891 年《新时代》杂志第 1 卷第 18 期

原文是德文
选自《马克思恩格斯全集》第 19 卷第 15—35 页

① 1891 年发表时删去了这句话。——编者注